콩나물쌤과 함께하는
문해력 속담왕(사물편)

초판 1쇄 인쇄 2024년 12월 2일
초판 1쇄 발행 2024년 12월 11일

지은이 전병규
그림 정서용
펴낸이 이범상
펴낸곳 (주)비전비엔피 · 그린애플

책임편집 김혜경
기획편집 차재호 김승희 한윤지 박성아 신은정
디자인 한승주
마케팅 이성호 이병준 문세희
전자책 김성화 김희정 안상희 김낙기
관리 이다정

주소 우) 04034 서울특별시 마포구 잔다리로7길 12 (서교동)
전화 02) 338-2411 | **팩스** 02) 338-2413
홈페이지 www.visionbp.co.kr
인스타그램 https://www.instagram.com/greenapple_vision
포스트 post.naver.com/visioncorea
이메일 gapple@visionbp.co.kr

등록번호 제2021-000029호

ISBN 979-11-92527-75-8 64700
       979-11-92527-36-9 (세트)

콩나물쌤과 함께하는

문해력 속담왕

사물편

열심히 하면
반드시
깨진다!!

계란으로 바위 치기
하는구나.

그린애플

추천사

속담에는 문화, 전통, 지혜, 교훈, 재치, 그리고 언어 감각이 모두 담겨 있다. 그래서 초등학생 때 속담을 제대로 알아야 할 필요가 있다. 이 책은 단순히 속담을 알려 주는 데 그치지 않고, 가지고 놀게 만든다. 아이 스스로 생각하게 하고, 익숙한 만화로 의미를 이해시키고, 다른 표현으로 확장하며, 일상생활에 속담을 적용하게 하면서 언어능력을 자극한다. 한 마디로 속담의 속까지 뒤집어 보여 주며 문해력을 높이는 프로그램이다.

_ **최나야**(서울대 아동가족학과 교수, 《초등 문해력을 키우는 엄마의 비밀》 저자)

학창 시절에 속담 목록을 보면서 재미없게 속담을 접한 기억이 납니다. 외워지지도 않았고 이해도 되지 않았으며 일단 그 속담 목록을 보기 싫었어요. 재미없었기 때문입니다. 그런데 이 책을 보고 놀랐습니다. 속담이 이렇게 재밌을 수 있는 것인가요? 재미는 아이들에게 최고의 동기 요인입니다. 속담을 재치 있는 그림과 만화로 표현하여 이해를 돕고, 이 책을 보고 싶게 만들어 줍니다. 단순히 재밌는 만화로 끝나는 것이 아니라 콩나물쌤의 상세한 설명과 나만의 예시를 직접 써보면서 깊이 있는 이해를 더해 그 속담을 정말 '나의 것'으로 만들어 줍니다. 이 책은 비유가 가득한 말을 쉽게 이해할 수 있도록 하는 장치를 통해 글을 이해하고, 나아가 나의 삶과 연결해 보도록 돕고 있습니다. 재미, 유익함, 실용성, 유의미성, 이 네 박자가 갖춰진 책이 잘 없지만 이 책은 네 가지를 동시에 지니고 있습니다. 책을 읽어도 무슨 뜻인지 잘 모르는 아이, 글 읽기를 즐겨하지 않는 아이, 비유나 상징이 들어간 글을 어려워하는 아이, 조금 더 수준 높고 풍성한 문해력을 갖고 싶어 하는 아이 모두에게 추천해 드립니다.

_ **효린파파 성기홍**(EBS 영어 강사, 교사, 영어 교육크리에이터)

2007년 아이폰의 출시 이후 세상은 달라졌습니다. 전 세계인들이 고개를 숙여 스마트폰을 들여다보고 있습니다. 이 현상은 앞으로도 지속될 것으로 전망됩니다. 자녀들이 스마트폰을 접하게 되는 것은 피할 수 없는 숙명입니다. 하지만 여전히 학교와 사회에서는 문해력이 중요하게 작용하는 시험을 보고 있습니다. 스마트폰의 영향을 가볍게 생각하고 독서의 힘을 경시해서는 안 됩니다. 지금이라도 초등학교 교과서를 펼쳐서 아이들이 그 내용을 제대로 이해하고 있는지를 확인해 보세요. 초등에서 모두가 앞서가고 있는 듯하지만 교과서 내용을 완전히 이해하는 아이들은 한 반에 몇 명 없습니다.

미취학에서 초등까지 읽고 또 읽어야 합니다. 그리고 읽기의 핵심은 어휘, 그리고 글에 대한 이해입니다. 콩나물쌤이 쓴 이 책 한 권으로 두 마리 토끼를 모두 잡을 수 있습니다. 저는 개인적으로 선조들이 남긴 속담을 굉장히 좋아합니다. 저에게 속담은 아주 오래 전을 산 선조와의 대화 수단입니다. 속담의 의미를 생각해 보면 선조들도 나와 같은 고민을 했다는 생각을 하게 됩니다.

속담 공부를 통해서 많은 것을 배울 수 있을 것이라고 생각합니다. 어휘를 바탕으로 한 문해력은 물론이고, 옛 선조의 지혜를 배우면서 오늘을 슬기롭게 살아갈 수 있을 겁니다. 무엇보다 인성 교육이 많이 부족한 요즘 속담의 의미를 새기는 아이들은 공감 능력을 바탕으로 우리 사회에 필요한 인재가 될 것이라 생각합니다. 이 책을 꾸준히 읽으며 부모와 자녀가 많은 대화를 나누고, 소중한 가치를 배우는 기회를 갖기 바랍니다. 아이들이 미래입니다.

_ **정승익**(더불어함께 교육연구소 대표, 《어머니, 사교육을 줄이셔야 합니다》 저자)

문해력에 대한 초등 부모들의 고민이 커지고 있습니다. 글보다는 영상에 익숙한 아이들이 증가해서 문해력 부족 문제가 지속적으로 대두되고 있는 것이죠. 문해력이 부족하면 글을 잘 읽지 못하고 이해하지 못할 뿐만 아니라 말을 조리있게 하지 못하는 상황까지 이어질 수 있죠. 그렇다면 문해력을 향상시키기 위한 방법은 없을까요. 이 책은 이 질문에 구체적인 해답을 주고 있습니다. 초등교육 전문가이자 문해력 전문가인 저자는 '속담'을 익히는 것에 주목합니다. 그도 그럴것이 속담은 우리 선조들이 가진 삶의 지혜가 잘 녹아 있는 짧은 표현이기 때문이죠. 속담은 자신의 생각과 의견을 멋지게 표현할 수 있는 유용한 도구이지요. 저자는 단순히 속담을 학습하라고 알려주는 것에서 더 나아가 속담을 좀 더 잘 익힐 수 있도록 친절한 가이드까지 제시합니다. 기존에 속담을 주제로 한 책들이 만화나 이야기로 접근을 했다면 이 책은 속담에 들어있는 비유를 적용해 좀 더 쉽게 이해할 수 있도록 도와줍니다. 문해력, 어휘력을 재미있고 유익하게 익히고 싶은 분들께 이 책을 추천합니다.

_ **방종임**(유튜브 교육채널 '교육대기자TV' 운영자, 《자녀교육 절대공식》 저자)

비유를 이해해야 문해력 속담왕!

안녕!! 여러분~ 저는 콩나물쌤이에요. 《콩나물쌤과 함께하는 문해력 속담왕》에 오신 것을 환영해요. 여러분은 속담이 무엇인지 알고 있나요? 속담은 우리 선조들의 삶의 지혜가 녹아 있는 짧은 표현을 뜻해요. 속담은 오래된 이야기지만 여전히 중요해요. 무려 4천 년도 더 된 속담도 여전히 우리 삶에 적용되기 때문이죠. 인간의 삶에는 아무리 많은 시간이 지나도 변하지 않는 것들이 있답니다. 우리가 속담을 배워야 하는 이유를 좀 더 자세히 살펴볼까요?

첫째, 살면서 나쁜 일을 덜 겪을 수 있어요. 예를 들어 '고래 싸움에 새우 등 터진다'는 속담을 알면 쓸데없이 남의 다툼에 끼어 손해 입는 일이 적어요. 또 '바늘 도둑이 소도둑 된다'는 속담을 알면 작은 잘못을 가볍게 여기다 점점 큰 잘못을 저지르는 일이 적겠죠.

둘째, 자기의 생각과 의견을 쉽고 멋지게 표현할 수 있어요. 자기가 아는 것이 전부라고 생각하는 친구에게는 '우물 안의 개구리', 약한 친구를 괴롭히는 아이에게는 '지렁이도 밟으면 꿈틀한다'라고 말해 주세요. 길고 복잡하게 말하지 않아도 여러분의 생각을 명확히 표현할 수 있답니다.

셋째, 문화를 깊이 이해할 수 있어요. 속담에는 사람들이 살면서 자주 하는 행동과 실수, 흔히 볼 수 있는 동물과 사물 등 그 사회의 문화가 고스란히 녹아 있어요. 예를 들어 우리 속담에는 소가 자주 나오는 반면 태국 속담에는 코끼리가 자주 나와요. 속담에 나오는 외양간, 우물, 솥뚜껑, 숭늉, 등불, 선무당 같은 단어들은 모두 우리 문화를 잘 보여 주고 있어요.

속담은 어떻게 배우느냐가 정말 중요해요. 속담을 배울 때는 단순히 뜻을 외워서는 안 돼요. 그래서 재미있는 만화나 이야기만으로는 속담을 제대로 알 수 없답니다. 속담은 그 의미를 깊이 이해하는 것이 아주 중요하답니다. 그러기 위해서는 속담에 담긴 비유를 이해해야 해요.

비유란 설명하려는 것을 비슷한 성질을 가진 다른 것에 빗대어 설명하는 방법이에요. 예를 들어 '아빠는 포크레인처럼 힘차게 땅을 팠다'는 땅을 파는 아빠의 힘찬 모습을 포크레인에 비유한 표현이에요. 아빠를 포크레인에 비유함으로써 아빠의 강한 힘을 강조하고 있어요.

속담은 비유의 덩어리예요. 모든 속담은 비유고 속담 속 모든 표현 역시 비유예요. '우물 안 개구리'에서 우물은 우물이 아니고 개구리는 개구리가 아니에요. 우물은 보고 들은 것이 별로 없는 상황을, 개구리는 어리석은 사람을 뜻해요. 마찬가지로 '바늘 도둑이 소도둑 된다'에서 바늘 도둑과 소도둑 역시 바늘 도둑과 소도둑을 뜻하지 않아요. 바늘 도둑은 작은 나쁜 짓을, 소도둑은 큰 나쁜 짓을 뜻해요. 그렇기 때문에 비유를 이해하지 못한 채 속담을 배운다면 배워도 배운 것이 아니랍니다. 그래서 그동안 재미있는 속담책을 읽고 나서도 속담의 뜻은 잘 몰랐던 거예요.

속담을 통해 비유를 이해하고 나면 학교 공부에도 큰 도움이 돼요. 비유를 이해하는 힘이 커지면 지식을 이해하는 힘이 커지기 때문이에요. 왜 그럴까요? 사람은 새로운 것을 배울 때 늘 자신이 이미 알고 있는 것과 비교하면서 배워요. 예를 들어 얼룩말은 얼룩 + 말이며 곱셈은 덧셈의 반복이라는 식으로 이해하게 되죠. 그래서 공부를 잘하려면 내가 이미 알고 있는 것과 새로 배우는 것 사이의 관련성을 이해하는 것이 중요해요.

　비유는 하나와 다른 하나를 연결하는 표현이에요. 그래서 비유를 잘 이해하는 아이는 새로 배우는 지식을 이미 자신이 알고 있는 지식과 잘 연결할 줄 알아요. 그래서 속담을 통해 비유를 이해하면 학교 공부에 도움이 되는 거예요. 선생님의 설명을 들을 때 비유라는 생각의 도구로 남들보다 더 쉽게 이해할 수 있는 거죠. 교과서를 읽거나 지식책을 읽을 때 역시 마찬가지죠.

　그러기 위해서는 속담을 배울 때는 반드시 비유에 대해 생각해야 해요. 그래야 비유를 이해하는 힘이 커지고 공부하는 힘도 커진답니다. 단순히 웃긴 만화로 속담을 접하면 이런 힘이 잘 길러지지 않아요. 이것이 바로 이 책을 통해 속담을 공부해야 하는 이유랍니다. 이 책을 통해 속담을 제대로 공부해 보세요. 옛사람들의 지혜를 익히고 자신의 생각을 멋지게 표현할 수 있게 돼요. 또 우리 문화와 세계 여러 나라의 문화도 알게 되죠. 그 과정에서 비유를 이해하는 힘이 커지면서 성적도 쑥쑥 오를 겁니다.

　자, 그럼 이제 문해력 속담왕이 되기 위한 여행을 떠나볼까요? 출발!!

여러분의 문해력을 쑥쑥 키워 줄
콩나물쌤으로부터

이 책의 활용법

첫 번째 페이지

오늘 배울 속담과 이를 재미있게 표현한 만화가 있어요. 만화는 속담을 최대한 있는 그대로 표현했어요. 무슨 말인지 이해하기 어려운 속담도 만화를 보고 나면 한 번에 이해될 거예요. 다음 단계를 따라가며 학습해 보세요.

1단계 | 재미있게 만화 보기

처음에는 그냥 가벼운 마음으로 만화를 즐겨보세요. 귀여운 그림체, 우스꽝스러운 상황과 대사 덕분에 신나게 웃을 수 있을 거예요.

2단계 | 소리 내어 속담 읽어 보기

만화를 다 보았다면 만화 위에 있는 속담을 읽어보세요. 3번 정도 소리 내어 읽어 보면 더 잘 기억할 수 있을 거예요.

3단계 | 속담이 뜻하는 상황 생각하기

속담은 어떤 상황을 표현하고 있을까요? 만화와 연결해서 생각해 보세요.

두 번째 페이지

속담에는 크게 두 가지 뜻이 있어요. 하나는 겉에서 그대로 보이는 뜻이고 다른 하나는 숨어 있는 진짜 뜻이에요. 어휘력 꽉 잡아에서는 겉으로 드러난 뜻을 살펴보고 추론력 꽉 잡아에서는 숨은 뜻을 살펴봅니다. 다음 단계를 따라가며 학습해 보세요.

어휘력 꽉 잡아

1단계 | 단어 뜻 이해하기

속담에 사용된 단어의 뜻을 살펴봅시다. 그림을 보고 단어와 단어에 담긴 뜻을 소리 내어 읽어 보세요.

2단계 | 속담의 보이는 뜻 생각하기

단어의 뜻을 연결하여 속담의 보이는 뜻을 살펴봅시다. 읽고 무슨 뜻인지 말하면서 설명해 보세요.

추론력 꽉 잡아

1단계 | 단어 속에 숨은 뜻 이해하기

속담 속 단어에는 원래 뜻 이외에도 이 속담에서만 가지는 숨은 뜻이 있어요. 예를 들어 올챙이의 원래 뜻은 개구리의 어린 시절이지만 이 속담에서는 형편이 어렵던 시절을 뜻하죠. 이런 식으로 단어의 숨은 뜻이 무엇인지 그림과 함께 살펴보세요.

2단계 | 속담 속에 숨은 뜻 생각하기

단어가 원래 뜻이 아닌 새로운 뜻으로 쓰였다면 속담도 다른 뜻을 가지겠죠? 단어의 숨은 뜻을 연결하여 속담 속에 숨은 뜻을 생각해 보세요.

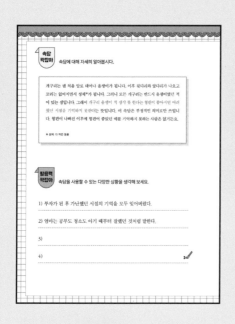

세 번째 페이지

속담 꽉 잡아에서는 속담에 대해 자세히 알아봅니다. 속담에 숨은 뜻이 여러분의 생각과 같은지 확인해 보세요. 활용력 꽉 잡아에서는 속담을 사용할 수 있는 다양한 상황에 대해 생각해 봅니다. 다음 단계를 따라가며 학습해 보세요.

속담 꽉 잡아

1단계 | 읽기

속담에 대해 자세히 설명한 글이 있습니다. 차분히 읽어 보세요.

2단계 | 설명하기

방금 읽은 내용이 어떤 내용이었는지 책을 보면서 설명해 보세요.

3단계 | 안 보고 설명하기

정말 잘 읽고 잘 이해했다는 자신감이 있나요? 그렇다면 책을 덮은 후 읽은 내용을 설명해 보세요. 혹시 어렵다면 잠깐 펼쳐서 본 후 다시 덮고 설명하면 됩니다.

1단계 | 읽기

속담을 사용할 수 있는 상황 두 가지를 읽어봅니다. 왜 이 상황에서 오늘 배운 속담을 사용할 수 있는지 생각해 보세요.

2단계 | 새로운 상황 쓰기

오늘 배운 속담을 사용할 수 있는 상황 두 가지를 써보세요. 여러분이 직접 겪은 일도 좋고 상상한 일도 좋아요. 다른 사람이 겪은 일이나 다른 사람이라고 생각하고 써도 좋아요.

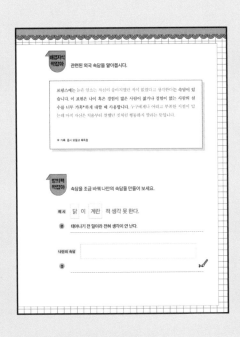

네 번째 페이지

배경지식 꽉 잡아에서는 오늘 배운 속담과 관련된 외국 속담을 알아봅니다. 배경지식도 쌓고 다양한 관점도 배우게 될 거예요. 창의력 꽉 잡아에서는 오늘의 속담을 살짝 바꾸어 여러분만의 속담을 만들어 보세요. 속담을 더 자세히 들여다보고 새로운 각도로 바라볼 수 있게 될 거예요.

배경지식 꽉 잡아

1단계 | 읽기

오늘 배운 속담과 관련된 외국 속담과 이에 대한 자세한 설명문이 있어요. 제시된 글을 차분히 읽어 보세요.

2단계 | 비교하기

우리 속담과 외국 속담을 서로 비교해 보세요. 어떤 점이 같고 어떤 점이 다른가요? 유사한 상황을 서로 어떻게 받아들이고 있는지 살펴보면 더욱 재미있습니다.

창의력 꽉 잡아

1단계 | 읽기

오늘의 속담을 살짝 바꿔 만든 새로운 속담을 읽어 보세요. 어디를 어떻게 바꾸었는지 그래서 어떤 뜻이 되었는지 살펴보세요.

2단계 | 나만의 속담 쓰기

오늘의 속담 중 일부를 바꾸어 나만의 속담을 써보세요. 원래 속담을 찾아볼 수 없을 정도로 전체를 다 바꾸면 안돼요. 일부는 남겨 놓고 일부만 바꾸도록 하세요. 예를 들어 개구리 올챙이 적 생각 못 한다에서는 '적 생각 못 한다'는 남겨 놓고 개구리와 올챙이만 다른 걸로 바꿀 수 있어요. 반대로 개구리와 올챙이만 남겨놓고 '적 생각 못한다'를 다른 것으로 바꿀 수도 있어요.

차례

1주차

가랑비에 옷 젖는 줄 모른다

어휘력 꽉잡아 속담에서 보이는 뜻을 생각해 보세요.

가랑비는 가늘게 내리는 비를 뜻합니다.

젖다는 물이 배어 축축하게 되다는 뜻입니다.

 보이는 뜻   '가늘게 내리는 비에 옷이 축축하게 되는 줄 모른다'입니다.

 추론력 꽉잡아 속담 속에 숨은 뜻을 생각해 보세요.

가랑비는 작고 사소한 일을 뜻합니다.

옷 젖는 줄은 크게 문제가 되는 줄이라는 뜻입니다.

숨은 뜻   입니다.

속담 꽉잡아 속담에 대해 자세히 알아봅시다.

가랑비에 옷 젖는 줄 모른다는 작고 사소한 일도 반복되면 큰 문제가 될 수 있다는 뜻입니다. 처음부터 큰일이 갑자기 벌어지는 경우는 많지 않습니다. 대부분은 작은 문제로 시작하죠. 하지만 작은 문제도 쌓이고 쌓이다 보면 나중에는 결국 큰일이 됩니다. 작은 일이라고 소홀히 하지 말고 미리미리 예방★할 필요가 있습니다.

★ 예방: 질병이나 재해 따위가 일어나기 전에 미리 대처하여 막는 일

활용력 꽉잡아 속담을 사용할 수 있는 다양한 상황을 생각해 보세요.

1. 용돈을 조금씩 쓰다가 결국 모아 놓은 돈을 모두 썼을 때
----

2. 작은 병을 치료하지 않고 가만히 두는 아빠에게

3.

4.

관련된 외국 속담을 알아봅시다.

스페인에는 곡물★ 알갱이 하나하나로 암탉은 배를 채운다는 속담이 있습니다. 쌀한 톨과 같은 곡물 알갱이 하나는 아주 작습니다. 하지만 계속해서 한 톨씩 먹다보면 언젠가는 배가 부르게 됩니다. 그래서 이 속담은 작은 것들이 모이면 큰 결과를 이룬다는 뜻입니다.

★ 곡물: 식량이 되는 쌀, 보리, 콩 등을 이르는 말

 속담을 조금 바꿔 나만의 속담을 만들어 보세요.

예시 | 산성비 | 에 | 머리카락 빠지는 | 줄 모른다.

뜻   나쁜 영향을 받고 있으면서도 그런 줄을 잘 모른다.

나만의 속담   [   ]

뜻

같은 값이면 다홍치마

어휘력 꽉잡아 속담에서 보이는 뜻을 생각해 보세요.

같은 값은 같은 가격을 뜻합니다.

다홍치마는 밝은 빨간색 치마를 뜻합니다.

 보이는 뜻

'같은 가격이면 밝은 빨간색 치마'입니다.

추론력 꽉잡아 속담 속에 숨은 뜻을 생각해 보세요.

같은 값은 같은 조건을 뜻합니다.

다홍치마는 더 좋은 것을 뜻합니다.

숨은 뜻

입니다.

25

속담에 대해 자세히 알아봅시다.

같은 값이면 다홍치마는 같은 조건이라면 더 좋은 것을 선택한다는 뜻입니다. 똑같은 가격의 두 물건이 있습니다. 그런데 하나는 예쁘고 하나는 예쁘지 않다면 여러분은 무엇을 고를 건가요? 백이면 백 누구나 예쁜 것을 고를 겁니다. 이처럼 조건★이 똑같다면 사람은 최대한 좋은 것을 고르려 할 것입니다.

★ 조건: 어떤 일이 이루어지려면 갖추어야 할 상태나 요소

 속담을 사용할 수 있는 다양한 상황을 생각해 보세요.

1. 맛있는 빵이 하나는 크고 하나는 작을 때
----

2. 이모가 선물을 사 주려고 해서 이왕이면 비싼 것을 고를 때

3.

4.

관련된 외국 속담을 알아봅시다.

러시아에는 썩은 사과는 선택의 폭이 좁다는 속담이 있습니다. 싱싱한 사과 중에서는 어떤 사과를 고를지 선택지*가 다양합니다. 반면 썩은 사과 중에서는 고를 수 있는 선택지가 많지 않습니다. 절대 선택해서는 안 되는 사과들이 많을 테니까요 그래서 이 속담은 나쁜 상황에서는 선택할 게 많지 않다는 뜻입니다.

★ 선택지: 고를 수 있도록 제시된 여러 개의 무언가

창의력
꽉잡아
속담을 조금 바꿔 나만의 속담을 만들어 보세요.

예시   같은 값이면   다이아몬드 반지

뜻   같은 조건이면 되도록 비싼 것을 선택한다.

나만의 속담

뜻

남의 떡이 커 보인다

어휘력 꽉잡아 속담에서 보이는 뜻을 생각해 보세요.

남은 자기 이외의 다른 사람을 뜻합니다.

커 보인다는 더 크게 보인다는 뜻입니다.

 보이는 뜻 '다른 사람이 가진 떡이 더 크게 보인다'는 뜻입니다.

 추론력 꽉잡아 속담 속에 숨은 뜻을 생각해 보세요.

남의 떡은 다른 사람이 가진 것을 뜻합니다.

커 보인다는 더 좋아 보인다는 뜻입니다.

숨은 뜻 입니다.

29

속담 꽉잡아   속담에 대해 자세히 알아봅시다.

남의 떡이 커 보인다는 남이 가진 것이 더 좋아 보인다는 뜻입니다. 물건뿐 아니라 남의 입장이 더 좋아 보일 때도 쓸 수 있어요. 그런데 혹시 여러분도 이런 경험이 있지 않나요? 실제로 내가 가진 것이 작을 수도 있지만 대부분은 더 좋은 것을 가지고 싶은 욕심★ 때문에 그렇게 보이는 거랍니다.

★ 욕심: 분수에 넘치게 무엇을 탐내거나 누리고자 하는 마음

활용력 꽉잡아   속담을 사용할 수 있는 다양한 상황을 생각해 보세요.

1. 내 케이크가 더 크다며 바꾸자는 동생에게
----

2. 연극에서 자꾸 역할을 바꾸자는 친구에게

3.

4.

배경지식 꽉잡아 관련된 외국 속담을 알아봅시다.

튀르키예에는 이웃집의 닭은 거위로 보인다는 속담이 있습니다. 닭은 흔하고 저렴한 반면 거위는 좀 더 귀하고 비쌉니다. 그래서 이 속담은 남이 가진 것은 더 좋아 보인다는 뜻입니다. 사람은 남이 가진 것을 과대평가*하기 쉽습니다. 자기가 가진 것에 만족할 줄 알아야 합니다.

★ 과대평가: 실제보다 지나치게 높이 평가함

 창의력 꽉잡아 속담을 조금 바꿔 나만의 속담을 만들어 보세요.

예시 | 나의 상처 | 가 커 보인다.

뜻 사람은 자신의 아픔을 더 크게 느낀다.
- -

나만의 속담

뜻
- -

구슬이 서 말이라도 꿰어야 보배다

속담에서 보이는 뜻을 생각해 보세요.

서 말은 세 통을 뜻합니다

보배는 아주 귀하고 소중한 물건을 뜻합니다.

 '구슬이 세 통 있어도 꿰어야 소중한 물건이 된다'입니다.

속담 속에 숨은 뜻을 생각해 보세요.

구슬이 서 말이라도는
아무리 좋은 것이 있어도라는 뜻입니다.

꿰어야 보배다는
다듬어야 귀중해진다는 뜻입니다.

숨은
뜻   입니다.

속담에 대해 자세히 알아봅시다.

구슬이 서 말★이라도 꿰어야 보배다는 아무리 좋은 것이 있어도 다듬어서 쓸모 있게 만들어야 귀중해진다는 뜻입니다. 비싼 보석이 있어도 함부로 다루면 흠집이 생기고 가치가 떨어집니다. 반면 별것 아닌 것이어도 잘 다듬으면 가치가 올라가기도 하고요. 가진 것을 잘 가꾸고 활용하라는 의미로 사용됩니다.

★ 말: 곡식, 가루 따위를 담는 데 쓰던 그릇

활용력 꽉잡아

속담을 사용할 수 있는 다양한 상황을 생각해 보세요.

1. 운동 능력이 뛰어난 친구가 운동을 게을리할 때
----

2. 머리는 좋은데 공부를 잘 안할 때

3.

4.

관련된 외국 속담을 알아봅시다.

이탈리아에는 자는 사람은 물고기를 잡지 못한다는 속담이 있습니다. 이는 노력하지 않는 사람은 좋은 결과를 얻을 수 없다는 뜻입니다. 좋은 결과는 하늘에서 저절로 떨어지지 않습니다. 오직 스스로 노력한 사람만이 얻을 수 있습니다. 여러분의 재능을 썩히지 말고 잘 계발★해 보세요.

★ 계발: 슬기나 재능, 사상 따위를 일깨워 줌

 창의력 꽉잡아 속담을 조금 바꿔 나만의 속담을 만들어 보세요.

예시   문제집 이 세 권 이라도 풀어야 보배다.

뜻   아무리 좋은 재료가 있어도 스스로 노력하지 않으면 소용없다.
- -

나만의 속담

뜻
- -

굴러온 돌이 박힌 돌 뺀다

어휘력 꽉잡아 속담에서 보이는 뜻을 생각해 보세요.

굴러온 돌은 바퀴처럼 돌면서 온 돌을 뜻합니다.

박힌 돌은 끼워 넣어져 있는 돌을 뜻합니다.

 보이는 뜻 '바퀴처럼 돌면서 온 돌이 끼워 넣어져 있는 돌을 뺀다'입니다.

 추론력 꽉잡아 속담 속에 숨은 뜻을 생각해 보세요.

굴러온 돌은 새로 온 사람을 뜻합니다.

박힌 돌은 원래 있던 사람을 뜻합니다.

숨은 뜻　　　　　　　　　　　　　　　　　　　입니다.

**속담
꽉잡아** 속담에 대해 자세히 알아봅시다.

보통은 지역이나 모임 등에 원래 있던 사람이 새로 온 사람에 비해 특혜★를 가지는 경우가 많습니다. 이를 '텃세 부린다'라고 하는데요. 한 곳에 오래 몸담은 만큼 지금 있는 곳을 잘 알고 있기 때문에 가능한 일입니다. 반면 굴러온 돌이 박힌 돌 뺀다는 이와 정반대로 새로 온 사람이 원래 있던 사람을 내쫓거나 해를 입힌다는 뜻입니다.

★ 특혜: 특별한 은혜나 혜택

**활용력
꽉잡아** 속담을 사용할 수 있는 다양한 상황을 생각해 보세요.

1. 새로 온 골키퍼가 주전이 되고 원래 있던 골키퍼가 후보가 될 때
----

2. 새로 들어온 직원이 원래 있던 직원을 밀어내고 팀장이 될 때

3.

4.

배경지식 꽉잡아 관련된 외국 속담을 알아봅시다.

중국에는 새로 온 관리★는 세 가지 불을 지핀다는 속담이 있습니다. 이는 일을 넘겨받으면 능력을 보이기 위해 변화를 일으킨다는 의미입니다. 다른 사람이 하던 일을 물려받은 후 변화가 없으면 자신을 드러내기 어렵습니다. 그래서 자신의 영향력을 과시하기 위해 무언가 새로운 일을 시작하는 경우가 많습니다.

★ 관리: 국가로부터 어떤 직무를 받은 공무원

 창의력 꽉잡아 속담을 조금 바꿔 나만의 속담을 만들어 보세요.

예시 굴러온 돌이 물꼬를 막는다.

뜻 외부의 사람이 끼어들어서 그간 잘 되던 일을 가로막을 때

나만의 속담

뜻

1주차 복습

1. 다음 빈칸에 들어갈 말을 보기에서 찾아 써 보세요.

 보기   남의 떡, 보배, 가랑비, 굴러온 돌, 다홍치마

1) _____ 에 옷 젖는 줄 모른다

2) 같은 값이면 _____

3) _____ 이 커 보인다

4) 구슬이 서 말이라도 꿰어야 _____ 다

5) _____ 이 박힌 돌 뺀다

2. 다음 뜻을 가진 단어를 보기에서 찾아 써 보세요.

보기   곡물, 계발, 특혜, 예방, 조건, 선택지, 관리

1) 질병이나 재해 따위가 일어나기 전에 미리 대처하여 막는 일 ➡

2) 식량이 되는 쌀, 보리, 콩 등을 이르는 말 ➡

3) 어떤 일이 이루어지려면 갖추어야 할 상태나 요소 ➡

4) 고를 수 있도록 제시된 여러 개의 무언가 ➡

5) 슬기나 재능, 사상 따위를 일깨워 줌 ➡

6) 특별한 은혜나 혜택 ➡

7) 국가로부터 어떤 직무를 받은 공무원 ➡

3. 다음 속담을 보고 그 뜻으로 알맞은 것을 골라 선으로 연결하세요.

○ ○ ○ ○ ○ ○ ○ ○ ○ ○ ○ ○ ○ ○

**가랑비에
옷 젖는 줄 모른다** ●

● 아무리 좋은 것이 있어도
다듬어야 귀중해진다

**같은 값이면
다홍치마** ●

● 작고 사소한 일도 반복되면
큰 문제가 될 수 있다

남의 떡이 커 보인다 ●

● 남이 가진 것이
더 좋아 보인다

**구슬이 서 말이라도
꿰어야 보배다** ●

● 새로 온 사람이 원래
있던 사람을 내쫓거나
해를 입힌다

**굴러온 돌이
박힌 돌 뺀다** ●

● 같은 조건이라면 더
좋은 것을 선택한다

4. 다음 속담과 그 뜻을 읽고 이에 대한 여러분의 생각을 글로 써 보세요.

가랑비에 옷 젖는 줄 모른다

작고 사소한 일도 반복되면 큰 문제가 될 수 있다

2주 차

그림의 떡

어휘력 꽉잡아 속담에서 보이는 뜻을 생각해 보세요.

그림은 선이나 색채로
형상을 표현한 것입니다.

떡은 곡식 가루를 찌거나
빚어서 만든 음식입니다.

 보이는 뜻

'선이나 색채로 표현된 곡식 가루를 찐 음식'입니다.

추론력 꽉잡아 속담 속에 숨은 뜻을 생각해 보세요.

그림은 아무리 해도
가질 수 없음을 뜻합니다.

떡은 마음에 들어서
가지고 싶은 것을 뜻합니다.

숨은 뜻

입니다.

속담에 대해 자세히 알아봅시다.

배가 고플 때 누군가 TV에서 음식을 맛있게 먹고 있다면 어떤가요? 함께 그 음식을 먹고 싶지 않나요? 하지만 실제로 먹을 수는 없습니다. 음식은 실재★하는 것이 아니라 TV 속에 있을 뿐이기 때문입니다. 이처럼 그림의 떡은 가지고 싶지만 아무리 해도 가질 수 없는 무언가를 뜻합니다.

★ 실재: 실제로 존재함

 속담을 사용할 수 있는 다양한 상황을 생각해 보세요.

1. 광고에 나오는 게임기를 사고 싶지만 엄마가 안 사줄 때
----

2. 친구가 먹는 아이스크림을 사 먹고 싶지만 돈이 없을 때

3.

4.

관련된 외국 속담을 알아봅시다.

영국에는 하늘에 있는 파이와 같다는 속담이 있습니다. 파이는 이탈리아의 피자나 우리나라의 전처럼 넓적하게 생긴 음식으로 사과, 호두, 체리 등을 넣어 만들죠. 파이가 하늘에 둥둥★ 떠 있다면 먹을 수 있을까요? 아무리 먹고 싶어도 먹을 수 없을 겁니다. 그래서 이 속담 역시 갖고 싶지만 가질 수 없는 무언가를 뜻합니다.

★ 둥둥: 물체가 떠서 움직이는 모양

창의력
꽉잡아

속담을 조금 바꿔 나만의 속담을 만들어 보세요.

예시 그림의 | 귀신 |

뜻 실제로 없는데 괜히 무서운 기분이 드는 것

나만의 속담

뜻

계란으로 바위 치기

속담에서 보이는 뜻을 생각해 보세요.

계란은 닭이 낳은 알입니다.

치다는 손에 든 물건으로 세게 부딪히다는 뜻입니다.

보이는 뜻
'닭이 낳은 알로 바위에 세게 부딪히다'입니다.

속담 속에 숨은 뜻을 생각해 보세요.

계란은 노력을 뜻합니다

바위 치기는 불가능한 일을 뜻합니다.

숨은 뜻
입니다.

속담 꽉잡아 속담에 대해 자세히 알아봅시다.

계란을 바위에 던진다고 해서 바위가 깨질까요? 아무리 많은 계란을 던져도 바위는 꿈쩍도 하지 않을 겁니다. 그래서 계란으로 바위 치기는 아무리 노력해도 절대 이루어질 수 없음을 뜻합니다. 열심히 하는 것도 좋지만 목표를 세울 때는 그것이 노력으로 가능한 일인지 우선 판단★하는 것이 중요합니다.

★ 판단: 논리나 기준 등에 따라 판정을 내림

활용력 꽉잡아 속담을 사용할 수 있는 다양한 상황을 생각해 보세요.

1. 유치원생이 대학생 형에게 팔씨름으로 이기겠다고 할 때

----

2. 컴퓨터와 계산 대결을 하려고 할 때

3.

4.

배경지식 꽉잡아 관련된 외국 속담을 알아봅시다.

독일에는 벽에 머리를 박는다는 속담이 있습니다. 이는 다른 사람에 상관없이 자신의 주장을 한다는 의미입니다. 벽은 매우 단단하기 때문에 머리를 박으면 분명 머리가 매우 아플 것입니다. 그렇게 자신에게 손해가 오고 다른 이의 반대가 심하더라도 완강히★ 자기주장을 할 때 이런 표현을 씁니다.

★ 완강하다: 태도가 모질고 의지가 굳세다

 창의력 꽉잡아 속담을 조금 바꿔 나만의 속담을 만들어 보세요.

예시 | 바위 | 로 바위 치기

뜻 누가 이길지 알 수 없는 막상막하의 상황

나만의 속담

뜻

낫 놓고
기역자도 모른다

어휘력 꽉잡아 속담에서 보이는 뜻을 생각해 보세요.

낫은 풀을 벨 때 쓰는 농기구입니다.

기역자는 글자 'ㄱ'을 뜻합니다.

보이는 뜻

'낫을 놓고도 글자 'ㄱ'을 모른다'입니다.

추론력 꽉잡아 속담 속에 숨은 뜻을 생각해 보세요.

낫 놓고는 뻔히 답이 보이는 상황을 뜻합니다.

기역자도 모른다는 어리석다는 뜻입니다.

숨은 뜻

입니다.

속담 꽉잡아 속담에 대해 자세히 알아봅시다.

기역자(ㄱ)는 낫과 모양이 똑같습니다. 그래서 기역자 쓰는 법을 잊어버렸다고 해도 낫을 보면 떠오를 것입니다. 그런데 만약 어떤 사람이 낫을 보고도 기역자를 모른다고 하면 어떨까요? 매우 어리석다 할 것입니다. 그래서 낫 놓고 기역자도 모른다는 뻔히★ 답이 보이는 상황에서도 모르는 어리석음을 뜻합니다.

★ 뻔히: 어떤 일의 결과나 상태가 들여다보이듯이 분명하게

활용력 꽉잡아 속담을 사용할 수 있는 다양한 상황을 생각해 보세요.

1. 정답을 다 알려 줘도 모른다고 할 때

----

2. 고학년이 구구단도 제대로 못할 때

3.

4.

배경지식 꽉잡아 관련된 외국 속담을 알아봅시다.

미얀마에는 어리석은 행동은 같은 일을 두 번 하게 만든다는 속담이 있습니다. 이 속담은 현명★하지 않으면 효율적으로 행동하지 못한다는 의미입니다. 현명한 사람은 같은 일을 두 번 하지 않습니다. 그러니 여러분이 같은 일을 여러 번 하고 있다면 어리석게 행동했다는 것을 스스로 깨달아야 합니다.

★ 현명: 어질고 슬기로워 사리에 밝음

창의력 꽉잡아 속담을 조금 바꿔 나만의 속담을 만들어 보세요.

예시 | 문어 | 놓고 | 오징어는 | 모른다.

뜻 알고 있는 것이 조금만 바뀌어도 모른다.

나만의 속담

뜻

누워서 떡 먹기

어휘력 꽉잡아 속담에서 보이는 뜻을 생각해 보세요.

누워서는 몸을 바닥 따위에
대고서입니다.

먹기는 입을 통하여 음식을
배 속에 들여보내기입니다.

 보이는
뜻   '몸을 바닥에 대고 떡을 배 속에 들여보내기'입니다.

 추론력 꽉잡아 속담 속에 숨은 뜻을 생각해 보세요.

누워서는 쉬운 일을 뜻합니다.

떡 먹기는 쉬운 일을 뜻합니다.

숨은
뜻   입니다.

59

속담 꽉잡아 속담에 대해 자세히 알아봅시다.

바닥에 누워 있기는 아주 쉽습니다. 떡을 먹는 것 역시 아주 쉽죠. 그래서 누워서 떡 먹기는 매우 쉬운 일을 뜻합니다. 하지만 실제로 누워서 떡을 먹는 것은 위험할 수 있습니다. 기도*에 걸릴 경우 숨쉬기가 힘들기 때문입니다. 그래서 속담은 속담일 뿐 실제로 누워서 떡을 먹어서는 안 됩니다.

★ 기도: 호흡할 때 공기가 지나가는 길

 활용력 꽉잡아 속담을 사용할 수 있는 다양한 상황을 생각해 보세요.

1. 동생이 간단한 부탁을 할 때

----

2. 선생님이 아주 쉬운 수학 문제를 풀라고 할 때

3.

4.

관련된 외국 속담을 알아봅시다.

미국에는 통나무★에서 떨어지는 것처럼 쉽다는 표현이 있습니다. 둥글게 생긴 통나무는 위에 올라서서 균형을 잡기가 어렵습니다. 쉽게 굴러가기 때문이죠. 사람이 그 위에 올라가면 금방 떨어지게 됩니다. 그래서 이 속담은 누워서 떡 먹기처럼 아주 쉽고 당연한 일을 뜻합니다.

★ 통나무: 쪼개지 않은 통째로의 나무

 속담을 조금 바꿔 나만의 속담을 만들어 보세요.

예시 **누워서** 달리기

뜻 하나 마나 한 일이나 불가능한 일

나만의 속담

뜻

다 된 밥에 재 뿌리기

어휘력
꽉잡아

속담에서 보이는 뜻을 생각해 보세요.

다 된 밥은 완성된 밥을 뜻합니다.

재는 불에 타고 남은 가루를 뜻합니다.

 보이는 뜻

'완성된 밥에 불에 타고 남은 가루 뿌리기'를 뜻합니다.

추론력
꽉잡아

속담 속에 숨은 뜻을 생각해 보세요.

다 된 밥은 거의 다 된 일을 뜻합니다.

재 뿌리기는 망치다는 뜻입니다.

숨은 뜻

입니다.

63

속담 꽉잡아 속담에 대해 자세히 알아봅시다.

금방 한 밥을 보면 정말 맛있어 보이고 입맛★이 돕니다. 그런데 여기에 재를 뿌리면 어떻게 될까요? 아무리 맛있게 된 밥이라도 먹을 수 없어 버려야만 합니다. 밥은 물에 씻을 수 없기 때문입니다. 그래서 다 된 밥에 재 뿌리기는 거의 다 된 일을 망친다는 뜻입니다.

★입맛: 음식을 먹을 때 입에서 느끼는 맛에 대한 감각

 활용력 꽉잡아 속담을 사용할 수 있는 다양한 상황을 생각해 보세요.

1. 완성된 그림에 물감을 쏟았을 때
----

2. 다 만든 퍼즐을 엎었을 때

3.

4.

관련된 외국 속담을 알아봅시다.

스패너는 나사 따위의 머리를 죄거나 푸는 데 사용하는 공구입니다. 망치처럼 아주 단단하죠. 열심히 만든 작업물★에 스패너를 던지면 작업물이 모두 망가질 겁니다. 그래서 호주 속담 작업물에 스패너 던지기는 계획이 성공하는 것을 방해하는 행동을 뜻합니다.

★ 작업물: 일을 해서 만든 물건

 속담을 조금 바꿔 나만의 속담을 만들어 보세요.

예시   다 된 밥에   김가루   뿌리기

뜻   잘된 것을 더 잘 되게 하다.
- -

나만의 속담

뜻
- -

2주 차 복습

1. 다음 빈칸에 들어갈 말을 보기에서 찾아 써 보세요.

> **보기**　　　그림, 낫, 재 뿌리기, 계란, 떡 먹기

1) ［　　　　　　　］의 떡

2) ［　　　　　　　］으로 바위 치기

3) ［　　　　　　　］놓고 기역자도 모른다

4) 누워서 ［　　　　　　　］

5) 다 된 밥에 ［　　　　　　　］

2. 다음 뜻을 가진 단어를 보기에서 찾아 써 보세요.

보기   기도, 뻔히, 완강하다, 작업물, 입맛, 현명, 실재

1) 실제로 존재함 ➡

2) 음식을 먹을 때 입에서 느끼는 맛에 대한 감각 ➡

3) 일을 해서 만든 물건 ➡

4) 태도가 모질고 의지가 굳세다 ➡

5) 어떤 일의 결과나 상태가 들여다보이듯이 분명하게 ➡

6) 어질고 슬기로워 사리에 밝음 ➡

7) 호흡할 때 공기가 지나가는 길 ➡

3. 다음 속담을 보고 그 뜻으로 알맞은 것을 골라 선으로 연결하세요.

그림의 떡 ●　　　● 뻔히 답이 보이는
　　　　　　　　상황에서도 모르는
　　　　　　　　어리석음

계란으로 바위 치기 ●　　　● 매우 쉬운 일

낫 놓고
기역자도 모른다 ●　　　● 아무리 노력해도
　　　　　　　　절대 이루어질 수 없음

누워서 떡 먹기 ●　　　● 거의 다 된 일을 망친다

다 된 밥에 재 뿌리기 ●　　　● 가지고 싶지만
　　　　　　　　아무리 해도
　　　　　　　　가질 수 없는 무언가

4. 다음 속담과 그 뜻을 읽고 이에 대한 여러분의 생각을 글로 써 보세요.

계란으로 바위 치기

아무리 노력해도 절대 이루어질 수 없음

3주차

돼지 목에 진주 목걸이

속담에서 보이는 뜻을 생각해 보세요.

진주는 조개 속에서 생기는 보석의 일종입니다.

목걸이는 목에 거는 물건을 말합니다.

 보이는 뜻

'돼지의 목에 걸려 있는 보석 목걸이'입니다.

속담 속에 숨은 뜻을 생각해 보세요.

돼지는 어울리지 않는 곳을 뜻합니다.

진주 목걸이는 가치 있는 물건을 뜻합니다.

숨은 뜻

입니다.

속담에 대해 자세히 알아봅시다.

귀하고 예쁜 진주 목걸이를 지저분한 돼지가 찬다고 생각해 보세요. 귀하고 아름다워 보이지 않겠죠? 그래서 돼지 목에 진주 목걸이는 가치 있는 물건을 어울리지 않게 사용함을 뜻하는 표현입니다. 다만 상대방을 돼지에 비유하기 때문에 매우 모욕★적인 표현입니다. 사람을 상대로는 실제로 사용하지 않는 것이 좋습니다.

★ 모욕: 깔보고 욕되게 하는 것

속담을 사용할 수 있는 다양한 상황을 생각해 보세요.

1. 최신식 스마트폰을 샀지만 통화만 하고 다른 기능은 사용할 줄 모를 때
----

2. 비싼 피아노를 사 놓고 전혀 연주할 줄 모를 때

3.

4.

배경지식 꽉잡아 관련된 외국 속담을 알아봅시다.

아일랜드에는 비단옷을 입어도 염소는 염소다라는 속담이 있습니다. 비단은 누에 고치에서 나온 명주실로 만든 천입니다. 영어로는 실크라고 하는데 옛날에는 부자들만 옷으로 만들어 입을 수 있는 비싼 옷감★이었습니다. 귀한 옷이긴 하지만 염소가 입는다고 호랑이로 변하거나 하지는 않겠죠. 그래서 이 속담은 겉을 꾸민다고 해서 속이 바뀌는 것은 아니다라는 의미입니다.

★ 옷감: 옷을 짓는 데 쓰는 천

 창의력 꽉잡아 속담을 조금 바꿔 나만의 속담을 만들어 보세요.

예시 내 입 에 초코 과자

뜻 순식간에 다 없어진다는 뜻

나만의 속담

뜻

될성부른 나무는 떡잎부터 다르다

속담에서 보이는 뜻을 생각해 보세요.

될성부르다는 잘될 가망이
있어 보인다는 뜻입니다.

떡잎은 씨앗에서 나오는
첫잎을 뜻합니다.

보이는
뜻　　'잘될 가망이 있는 나무는 첫잎부터 다르다'입니다.

 추론력
꽉잡아

속담 속에 숨은 뜻을 생각해 보세요.

될성부른 나무는
자라서 크게 될 사람을 뜻합니다.

떡잎은 어릴 때를 뜻합니다.

숨은
뜻　　　　　　　　　　　　　　　　　　입니다.

속담 꽉잡아 속담에 대해 자세히 알아봅시다.

> 될성부른 나무는 떡잎부터 다르다는 자라서 크게 될 사람은 어릴 때부터 다르다는 뜻입니다. 씨앗에서 처음 나오는 잎이 썩거나 약하다면 크고 우람한★ 나무로 자라기는 힘듭니다. 여러분은 아직 떡잎입니다. 지금부터 바르게 행동하고 열심히 공부해야 나중에 큰 사람이 될 수 있습니다.
>
>
>
> ★ 우람하다: 기골이 장대하다

활용력 꽉잡아 속담을 사용할 수 있는 다양한 상황을 생각해 보세요.

1. 미술에 특별한 재능을 보이는 동생에게

----

2. 하루종일 게임만 하면서 대통령이 되겠다는 친구에게

3.

4.

관련된 외국 속담을 알아봅시다.

이탈리아에는 잔가지★가 휘면 나무도 휘어서 자란다는 속담이 있습니다. 이는 작은 행동을 통해 전체를 짐작할 수 있다는 의미입니다. 하나의 규칙을 잘 지키는 사람은 다른 규칙도 잘 지킵니다. 규칙을 잘 지켜야 한다는 생각이 있기 때문입니다. 반대로 하나의 규칙을 안 지키는 사람은 다른 규칙도 잘 지키지 않습니다. 나의 작은 생각과 행동을 통해 나는 어떤 사람인지 스스로 돌아보세요.

★ 잔가지: 풀과 나무의 작은 가지

창의력 꽉잡아 속담을 조금 바꿔 나만의 속담을 만들어 보세요.

예 시 **될성부른** │케익│ 은 │반죽│ 부터 다르다.

뜻 **반죽이 잘 되어야 맛있는 케익을 만들 수 있다.**

나만의 속담

뜻

등잔 밑이 어둡다

어휘력 꽉잡아 속담에서 보이는 뜻을 생각해 보세요.

등잔은 기름을 담아 등불을 켜는 데 쓰는 그릇입니다.

밑은 물체의 아래쪽을 뜻합니다.

 보이는 뜻

'기름을 담아 등불 켜는 그릇 아래가 어둡다'입니다.

 추론력 꽉잡아 속담 속에 숨은 뜻을 생각해 보세요.

등잔 밑은 가까운 곳을 뜻합니다.

어둡다는 잘 모른다는 뜻입니다.

숨은 뜻

입니다.

속담 꽉잡아 속담에 대해 자세히 알아봅시다.

등잔은 오래전에 쓰던 조명으로, 불을 켜면 온방이 환해집니다. 그런데 등잔 밑은 불을 켜도 여전히 어둡습니다. 등잔으로 인해 그림자가 지기 때문이죠. 가장 밝은 등잔불 아래가 가장 어두운 재미있는 현상★입니다. 그래서 등잔 밑이 어둡다는 가까운 곳을 오히려 잘 모른다는 뜻입니다.

★ 현상: 인간이 지각할 수 있는 사물의 모양과 상태

활용력 꽉잡아 속담을 사용할 수 있는 다양한 상황을 생각해 보세요.

1. 안경을 낀 채로 안경을 찾는 할아버지에게
----

2. 핸드폰으로 전화를 하면서 핸드폰을 찾는 엄마에게

3.

4.

배경지식 꽉잡아 관련된 외국 속담을 알아봅시다.

튀르키예에는 재단사는 자신의 옷을 재단★하지 못한다는 속담이 있습니다. 옷을 재단하려면 신체 치수를 재어야 합니다. 하지만 스스로 자신의 치수를 정확하게 재기는 어렵습니다. 그래서 이 속담은 자기 문제는 해결하지 못해 남의 도움을 받아야 하는 상황을 뜻합니다. 이와 비슷한 의미로 중이 제 머리를 못 깎는다는 속담이 있습니다.

★ 재단: 옷감을 치수에 맞게 재고 자르는 일

 창의력 꽉잡아 속담을 조금 바꿔 나만의 속담을 만들어 보세요.

예시 | 그릇 | 밑이 | 더럽다. |

뜻 눈에 잘 보이지 않는 부분을 소홀히 할 때

- -

나만의 속담

뜻

- -

말이 씨가 된다

어휘력 꽉잡아 속담에서 보이는 뜻을 생각해 보세요.

말은 사람의 생각, 느낌을 표현하는
음성 기호입니다.

씨는 장차 싹이 터서
식물로 자랄 단단한 물질입니다.

 보이는 뜻 '사람의 말은 장차 식물로 자랄 씨앗이 된다'입니다.

 추론력 꽉잡아 속담 속에 숨은 뜻을 생각해 보세요.

말은 자주 하는 말을 뜻합니다.

씨가 된다는 현실로 만드는
힘이 있다는 뜻입니다.

숨은 뜻 입니다.

속담 꽉잡아 속담에 대해 자세히 알아봅시다.

아주 큰 나무도 처음은 씨앗에서 출발합니다. 작은 씨앗이 크고 커서 나무가 되죠. 그래서 말이 씨가 된다는 사람의 말에는 현실★을 만드는 힘이 있다는 뜻입니다. 물론 한 번 말했다고 현실이 되지는 않습니다. 하지만 같은 말을 반복하다 보면 말은 생각이 되고, 생각은 행동이 되어 결국 현실이 될 것입니다.

★ 현실: 실제로 존재하는 사실이나 상태

활용력 꽉잡아 속담을 사용할 수 있는 다양한 상황을 생각해 보세요.

1. 희망을 갖고 미래를 꿈꾸며 좋은 말을 반복할 때
----

2. 부정적이고 나쁜 말을 자꾸 하는 친구에게

3.

4.

배경지식 꽉잡아 관련된 외국 속담을 알아봅시다.

인도에는 행동한 대로 거둔다는 속담이 있습니다. 이는 행동에 걸맞는 결과★를 얻게 된다는 뜻입니다. 어떤 일의 결과는 반드시 그 사람이 한 말과 행동에 영향을 받습니다. 나쁜 말과 행동을 하면 좋은 결과를 얻을 수 없고 좋은 말과 행동을 하면 나쁜 결과를 얻을 리 없습니다.

★ 결과: 어떤 원인으로 인해 생긴 결말

 창의력 꽉잡아 속담을 조금 바꿔 나만의 속담을 만들어 보세요.

예시 │ 상상 │ 이 씨가 된다.

뜻 자꾸 상상하면 그것이 현실이 된다.

나만의 속담

뜻

모르는 게 약이다

속담에서 보이는 뜻을 생각해 보세요.

모르는은 알지 못하는이라는 뜻입니다.

약은 병이나 상처를 고치거나
예방하기 위해 쓰이는 물질입니다.

 '알지 못하는 것이 병이나 상처를 예방한다'입니다.

 속담 속에 숨은 뜻을 생각해 보세요.

모르는 게는 알지 못하는 상태를 뜻합니다.

약은 더 나은 상황을 뜻합니다.

숨은
뜻   입니다.

속담 꽉잡아 속담에 대해 자세히 알아봅시다.

모르는 게 약이다는 알지 못하는 상태가 더 나은 상황을 뜻합니다. 지식은 소중합니다. 아는 것이 많으면 더 나은 선택을 하고 실수를 줄일 수 있으니까요. 하지만 가끔은 모르는 게 더 좋을 때도 있습니다. 안다고 해서 어쩔 도리가 없는 나쁜 일은 알면 괜히 마음고생★만 더 하기 때문입니다.

★ 마음고생: 마음속으로 겪는 고생

활용력 꽉잡아 속담을 사용할 수 있는 다양한 상황을 생각해 보세요.

1. 꼭 먹어야 하는 약이 벌레로 만들어졌다는 것을 알았을 때

----

2. 맞아야 하는 주사가 엄청 아픈 주사일 때

3.

4.

배경지식 꽉잡아 관련된 외국 속담을 알아봅시다.

일본 속담 모르는 게 부처다는 알면 화가 나지만 모르기 때문에 평온하다는 뜻입니다. 억울한 일을 당하면 화가 나게 됩니다. 하지만 그런 일이 있다는 사실 자체를 모르면 아예 화를 낼 일이 없습니다. 화가 나지 않은 상태를 감정 기복★이 없는 부처에 비유하여 표현한 속담입니다.

★기복: 기세가 커졌다 작아졌다 함

창의력 꽉잡아 속담을 조금 바꿔 나만의 속담을 만들어 보세요.

예시   모르는 게 바보 다.

뜻   모를 수가 없는 당연한 사실을 모른다.
- -

나만의 속담

뜻
- -

3주 차 복습

1. 다음 빈칸에 들어갈 말을 보기에서 찾아 써 보세요.

> **보기** 　약, 등잔, 떡잎, 진주 목걸이, 씨

1) 돼지 목에 ☐☐☐☐☐☐

2) 될성부른 나무는 ☐☐☐☐☐☐ 부터 다르다

3) ☐☐☐☐☐ 밑이 어둡다

4) 말이 ☐☐☐☐☐☐ 가 된다

5) 모르는 게 ☐☐☐☐☐ 이다

2. 다음 뜻을 가진 단어를 보기에서 찾아 써 보세요.

보기 　　　재단, 기복, 모욕, 옷감, 잔가지, 우람하다, 현상

1) 깔보고 욕되게 하는 것 ➡

2) 옷을 짓는 데 쓰는 천 ➡

3) 기골이 장대하다 ➡

4) 풀과 나무의 작은 가지 ➡

5) 인간이 지각할 수 있는 사물의 모양과 상태 ➡

6) 옷감을 치수에 맞게 재고 자르는 일 ➡

7) 기세가 커졌다 작아졌다 함 ➡

3. 다음 속담을 보고 그 뜻으로 알맞은 것을 골라 선으로 연결하세요.

○ ○ ○ ○ ○ ○ ○ ○ ○ ○ ○ ○ ○

**돼지 목에
진주 목걸이** ●　　　　　　● 가치 있는 물건을
어울리지 않게 사용함

**될성부른 나무는
떡잎부터 다르다** ●　　　　　　● 자라서 크게 될 사람은
어릴 때부터 다르다

등잔 밑이 어둡다 ●　　　　　　● 알지 못하는 상태가
더 나은 상황

말이 씨가 된다 ●　　　　　　● 가까운 곳을
오히려 잘 모른다

모르는 게 약이다 ●　　　　　　● 사람의 말에는 현실을
만드는 힘이 있다

4. 다음 속담과 그 뜻을 읽고 이에 대한 여러분의 생각을 글로 써 보세요.

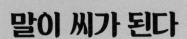

말이 씨가 된다
사람의 말에는 현실을 만드는 힘이 있다

4주 차

번갯불에 콩 볶아 먹겠다

속담에서 보이는 뜻을 생각해 보세요.

번갯불은 번개가 칠 때
번쩍이는 빛입니다.

볶다는 물기가 거의 없는 상태로
열을 가해 익히다라는 뜻입니다.

보이는
뜻

'번개 칠 때 번쩍이는 빛에 열을 가해 요리하겠다'입니다.

속담 속에 숨은 뜻을 생각해 보세요.

번갯불에는
매우 짧은 시간에라는 뜻입니다.

콩 볶아 먹겠다는
어떤 행동을 하겠다는 뜻입니다.

숨은
뜻

입니다.

속담 꽉잡아 속담에 대해 자세히 알아봅시다.

번개는 눈 깜짝할 새에 매우 빠르게 칩니다. 번갯불은 번개가 칠 때 번쩍이는 빛으로 역시나 아주 순간적★으로 나타나고 사라지죠. 이렇게 짧은 순간에 콩을 볶으려면 얼마나 행동이 빨라야 할까요? 그래서 번갯불에 콩 볶아 먹겠다는 행동이 매우 빠르다는 의미로 쓰입니다. 혹은 그만큼 어떤 일을 당장 해치우지 못하여 안달하는 조급한 성질을 표현할 때도 사용합니다.

★ 순간적: 아주 짧은 동안에 있는

활용력 꽉잡아 속담을 사용할 수 있는 다양한 상황을 생각해 보세요.

1. 심부름을 시키자마자 바로 가져다줄 때
----

2. 양치를 대충하고 30초만에 끝낼 때

3.

4.

배경지식 꽉잡아

관련된 외국 속담을 알아봅시다.

아일랜드에는 번개는 같은 곳에 두 번 치지 않는다는 속담이 있습니다. 이는 불행이나 행운은 반복해서 일어나지 않는다는 의미입니다. 흔히 일어날 가능성★이 거의 없을 때 '번개 맞을 확률'이라는 표현을 사용하는데요. 한 번도 어려운데 당연히 두 번은 더더욱 어렵겠죠? 그래서 그렇게 특별한 일은 자주 일어나지 않는다는 뜻입니다.

★ 가능성: 어떤 일이 일어날 수 있는 정도

창의력 꽉잡아

속담을 조금 바꿔 나만의 속담을 만들어 보세요.

예 시 | 소나기 | 에 | 샤워 | 하겠다.

뜻   그때 그때 임기응변이 좋다.

- -

나만의 속담

뜻

- -

보기 좋은 떡이 먹기도 좋다

어휘력 꽉잡아 속담에서 보이는 뜻을 생각해 보세요.

보기 좋은 떡은
겉모양이 반반한 떡을 뜻합니다.

먹기는 물고 씹고
삼키는 과정을 뜻합니다.

 보이는 뜻　　'겉모양이 반반한 떡이 씹고 삼키기도 좋다'입니다.

 추론력 꽉잡아 속담 속에 숨은 뜻을 생각해 보세요.

보기 좋은 떡은 겉모양이 좋은 것을 뜻합니다.

먹기도 좋다는 쓰기에도 좋다는 뜻입니다.

숨은 뜻　　　　　　　　　　　　　　　　　　　　입니다.

속담 꽉잡아 속담에 대해 자세히 알아봅시다.

보기 좋은 떡이 먹기도 좋다는 겉모양이 좋은 것이 쓰기에도 좋다는 뜻입니다. 사람의 감각은 서로 영향을 주고받습니다. 눈으로 보기에 예쁜 것이 더 맛있게 느껴지거나 더 기분 좋게 느껴집니다. 물론 실제로 쓰기에 좋은 것이 가장 중요하지만 이왕이면★ 보기에 좋게 만들면 더욱 좋습니다. 겉모양새를 잘 꾸미는 것도 필요함을 비유적으로 이를 때 쓸 수 있는 속담입니다.

★ 이왕이면: 어차피 그렇게 할 바에는

활용력 꽉잡아 속담을 사용할 수 있는 다양한 상황을 생각해 보세요.

1. 음식이 접시에 예쁘게 담겨져 있을 때

----

2. 편지를 쓰는데 글씨가 너무 엉망인 친구에게

3.

4.

관련된 외국 속담을 알아봅시다.

리비아 속담 눈이 입보다 먼저 먹는다는 음식은 가장 먼저 눈으로 평가하게 된다는 의미입니다. 음식이 맛있을지 없을지는 먹어 봐야 합니다. 하지만 사람들은 음식을 보는 순간 모양과 색을 통해서 그 맛을 짐작하게 됩니다. 그리고 이 짐작★은 실제 느끼는 맛에도 영향을 끼칩니다.

★ 짐작: 사정이나 형편 따위를 어림잡아 헤아림

 창의력 꽉잡아

속담을 조금 바꿔 나만의 속담을 만들어 보세요.

예시 보기 좋은 떡도 먹어 봐야 안다.

뜻 겉모습만 번지르르한 경우가 있다.

- -

나만의 속담

뜃
- -

빈 수레가 요란하다

어휘력 꽉잡아

속담에서 보이는 뜻을 생각해 보세요.

수레는 바퀴를 달아서
굴러가게 만든 기구입니다.

요란하다는
시끄럽고 떠들썩하다는 뜻입니다.

보이는
뜻

'비어 있는 수레가 시끄럽다'입니다.

추론력 꽉잡아

속담 속에 숨은 뜻을 생각해 보세요.

빈 수레는 별 볼일 없는 사람을 뜻합니다.

요란하다는 더 떠들어 댄다는 뜻입니다.

숨은
뜻

입니다.

속담 꽉잡아 속담에 대해 자세히 알아봅시다.

빈 수레가 요란하다는 별 볼일 없는 사람이 더 떠들어 댄다는 뜻입니다. 짐을 가득 실은 수레는 짐의 무게로 수레의 부품들이 딱 맞아 들어가 조용히 움직입니다. 반면 빈 수레는 부품끼리 마찰*이 일어나 덜컹거리는 소리가 커지죠. 마찬가지로 생각이 알찬 사람은 말을 많이 하지 않는 반면 생각이 없는 사람은 아무 말이나 해서 말이 많아집니다.

★ 마찰: 두 물체가 서로 닿아 비벼짐

 활용력 꽉잡아 속담을 사용할 수 있는 다양한 상황을 생각해 보세요.

1. 축구를 잘한다고 잘난 척한 친구가 너무 못할 때
----

2. 똑똑한 척해 놓고 수학 50점 받은 친구에게

3.

4.

배경지식 꽉잡아 관련된 외국 속담을 알아봅시다.

미국에는 짖는 개는 좀처럼 물지 않는다는 속담이 있습니다. 이는 말이 앞서는 사람은 실천을 잘하지 못한다는 뜻입니다. 실천을 잘하는 사람은 말을 많이 하지 않습니다. 그냥 필요한 행동을 할 뿐이죠. 반면 용기가 없어 행동을 잘 못하는 사람은 말만 번지르르★한 경우가 많습니다.

★ 번지르르: 말이나 행동에 실속은 없고 겉만 그럴듯한 모양

 창의력 꽉잡아 속담을 조금 바꿔 나만의 속담을 만들어 보세요.

예시 **빈 수레가 가볍다.**

뜻 아무것도 없어야 편하다.

나만의 속담
┌──────────────────────────────────────┐
│   │
└──────────────────────────────────────┘

뜻

새 발의 피

속담에서 보이는 뜻을 생각해 보세요.

새 발은 새의 발입니다.

피는 몸 안에 흐르는 붉은 액체를 말합니다.

 보이는
뜻

'새의 발 안에 흐르는 붉은 액체'입니다.

추론력
꽉잡아

속담 속에 숨은 뜻을 생각해 보세요.

새 발은 작은 것을 뜻합니다.

피는 더 작은 것을 뜻합니다.

 숨은
뜻

입니다.

111

속담에 대해 자세히 알아봅시다.

새는 비교적★ 크기가 작은 동물입니다. 물론 큰 새도 있지만 소, 돼지, 개 등에 비할 바는 아니지요. 새가 작으니 새의 발은 더 작을 것입니다. 그러면 작은 새의 발에 흐르는 피는 또 얼마나 적을까요? 그래서 새 발의 피는 아주 적은 것을 의미합니다. 크기가 작다는 의미보다 양이 적을 때 주로 씁니다.

★ 비교적: 다른 것과 견주어서 판단하는 것

속담을 사용할 수 있는 다양한 상황을 생각해 보세요.

1. 나는 만 원 잃어버렸는데 친구가 백 원 잃어버렸다고 할 때
----

2. 시험에서 나는 10개 틀렸는데 친구가 2개 틀렸다고 울상일 때

3.

4.

배경지식 꽉잡아

관련된 외국 속담을 알아봅시다.

영국에는 양동이★에 물 한 방울이라는 속담이 있습니다. 물론 크기가 다양하지만 양동이 하나에 보통 500ml짜리 생수가 20개 정도는 들어갈 수 있어요. 그렇다면 그 안에는 얼마나 많은 물방울이 있을까요? 그래서 이 표현 역시 새 발의 피와 마찬가지로 아주 적은 양을 강조할 때 사용합니다.

★ 양동이: 물이나 기타 물건 등을 담을 수 있게 만든 큰 통

창의력 꽉잡아

속담을 조금 바꿔 나만의 속담을 만들어 보세요.

예시

| 아빠 다리 | 의 | 털 |

뜻   양이 매우 많다.

나만의 속담

뜻

시간이 약이다

속담에서 보이는 뜻을 생각해 보세요.

시간은 한 시점에서
다른 시점까지의 기간**입니다.**

약은 병을 고치기 위한 물질입니다.

 보이는 뜻

'시간이 병을 고치기 위한 물질이다'입니다.

 속담 속에 숨은 뜻을 생각해 보세요.

시간이는 시간이 흐르고 나면이라는 뜻입니다.

약이다는 상황이 나아진다는 뜻입니다.

숨은 뜻

입니다.

속담 꽉잡아 속담에 대해 자세히 알아봅시다.

누구나 살다 보면 여러 가지 문제를 겪게 됩니다. 문제가 생겼을 때는 큰일 같지만 지나고 보면 별일 아닌 경우가 많습니다. 저절로 해결되는 경우도 많고요. 그래서 시간이 약이다는 시간이 지나면 상황★이 나아진다는 뜻입니다. 주로 마음의 상처가 아문다는 뜻으로 사용합니다.

★ 상황: 일이 되어 가는 과정이나 형편

활용력 꽉잡아 속담을 사용할 수 있는 다양한 상황을 생각해 보세요.

1. 인형을 잃어버리고 우는 동생에게

----

2. 여자친구와 헤어지고 슬퍼하는 오빠에게

3.

4.

배경지식 꽉잡아 관련된 외국 속담을 알아봅시다.

에콰도르에는 시간은 모든 것을 제자리로 돌려놓는다는 속담이 있습니다. 이는 시간이 지나면 모든 것이 올바른 상태로 돌아간다는 의미입니다. 문제는 해결되고 혼란★은 줄어들고 와야 하는 것은 오고 가야 하는 것은 가게 됩니다. 그러니 당장 내 힘으로 해결이 어려운 문제는 시간에 맡겨 보는 것도 좋습니다.

★ 혼란: 뒤죽박죽이 되어 어지럽고 질서가 없음

 창의력 꽉잡아 속담을 조금 바꿔 나만의 속담을 만들어 보세요.

예시 | 안아 주는 게 | 약이다.

뜻 힘들 때는 안아 주는 게 가장 좋다.

나만의 속담

뜻

4주 차 복습

1. 다음 빈칸에 들어갈 말을 보기에서 찾아 써 보세요.

> **보기**   빈 수레, 피, 보기 좋은 떡, 번갯불, 시간

1) ☐☐☐☐☐ 에 콩 볶아 먹겠다

2) ☐☐☐☐☐ 이 먹기도 좋다

3) ☐☐☐☐☐ 가 요란하다

4) 새 발의 ☐☐☐☐☐

5) ☐☐☐☐☐ 이 약이다

2. 다음 뜻을 가진 단어를 보기에서 찾아 써 보세요.

보기   혼란, 순간적, 이왕이면, 비교적, 마찰, 짐작, 번지르르

1) 아주 짧은 동안에 있는 ➡

2) 뒤죽박죽이 되어 어지럽고 질서가 없음 ➡

3) 어차피 그렇게 할 바에는 ➡

4) 사정이나 형편 따위를 어림잡아 헤아림 ➡

5) 두 물체가 서로 닿아 비벼짐 ➡

6) 말이나 행동에 실속은 없고 겉만 그럴듯한 모양 ➡

7) 다른 것과 견주어서 판단하는 것 ➡

3. 다음 속담을 보고 그 뜻으로 알맞은 것을 골라 선으로 연결하세요.

O O O O O O O O O O O O O

**번갯불에
콩 볶아 먹겠다** ●   ● 아주 적은 것

**보기 좋은 떡이
먹기도 좋다** ●   ● 겉모양이 좋은 것이
                                    쓰기에도 좋다

빈 수레가 요란하다 ●   ● 별 볼일 없는 사람이
                                    더 떠들어 댄다

새 발의 피 ●   ● 시간이 지나면
                                    상황이 나아진다

시간이 약이다 ●   ● 행동이 매우 빠르다

4. 다음 속담과 그 뜻을 읽고 이에 대한 여러분의 생각을 글로 써 보세요.

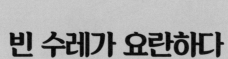

빈 수레가 요란하다

별 볼일 없는 사람이 더 떠들어 댄다

5주차

십 년이면 강산도 변한다

속담에서 보이는 뜻을 생각해 보세요.

십 년은 1년의 10배를 뜻합니다.

강산은 강과 산을 뜻합니다.

 보이는 뜻

'1년이 10번 지나면 강과 산도 변한다'입니다.

속담 속에 숨은 뜻을 생각해 보세요.

십 년이면은 세월이 흐르면이라는 뜻입니다.

강산도 변한다는
변하지 않는 것이 없다는 뜻입니다.

 숨은 뜻

입니다.

속담 꽉잡아 속담에 대해 자세히 알아봅시다.

십 년이면 강산도 변한다는 세월이 흐르면 변하지 않는 것이 없다는 뜻입니다. 사람들은 변하지 않는 무언가를 추구★합니다. 하지만 세상에 변하지 않는 것은 없습니다. 세상에 있는 모든 것은 태어나고 자라고 아프고 죽고를 반복합니다. 변하는 것이 자연의 이치임을 알아야 합니다.

★ 추구: 목적을 이룰 때까지 뒤쫓아 구함

 활용력 꽉잡아 속담을 사용할 수 있는 다양한 상황을 생각해 보세요.

1. 오랜만에 만난 친구가 여러모로 많이 바뀌었을 때

----

2. 조그마한 강아지가 엄청 커졌을 때

3.

4.

배경지식 꽉잡아 관련된 외국 속담을 알아봅시다.

케냐에는 아무리 밤이 길어도 낮은 반드시 온다는 속담이 있습니다. 밤은 춥고 어두워 사람에게 힘든 시간입니다. 하지만 영원히 밤이 지속되지는 않습니다. 결국에는 낮이 오게 되죠. 그래서 이 속담은 아무리 힘들어도 반드시 좋은 때가 온다는 의미로, 인생은 좋고 나쁨이 돌고 돌기 때문에 힘들다고 너무 좌절★하지 말아야 합니다.

★ 좌절: 마음이나 기운이 꺾임

 창의력 꽉잡아 속담을 조금 바꿔 나만의 속담을 만들어 보세요.

예시 | 간식 | 이면 | 멍멍이 | 도 변한다.

뜻 좋아하는 것을 주어야 누구나 더 열심히 한다.

- -

나만의 속담

뜻

- -

싼 게 비지떡

속담에서 보이는 뜻을 생각해 보세요.

싼 게는 가격이 싼 것이라는 뜻입니다.

비지떡은 두부를 만들고 남은 찌꺼기로 부친 떡입니다.

 보이는 뜻

'가격이 싼 것이 두부 찌꺼기로 만든 떡'입니다.

 속담 속에 숨은 뜻을 생각해 보세요.

싼 게는 가격이 저렴한 물건이라는 뜻입니다.

비지떡은 품질이 나쁨을 뜻합니다.

숨은 뜻

입니다.

속담 꽉잡아 속담에 대해 자세히 알아봅시다.

비지떡은 두부를 만들고 남은 찌꺼기로 만들다 보니 맛과 영양이 다른 떡에 비해 부족합니다. 그래서 싼 게 비지떡은 가격이 저렴한 물건은 품질★이 떨어진다는 의미입니다. 어떤 물건의 가격이 싸려면 그것을 만드는 데 드는 돈도 적어집니다. 그러다 보니 품질이 떨어질 수밖에 없죠. 세상에 비싼데 나쁜 물건은 있어도 싸고 좋은 물건은 흔치 않답니다.

★ 품질: 물건의 성질과 바탕

활용력 꽉잡아 속담을 사용할 수 있는 다양한 상황을 생각해 보세요.

1. 값이 싼 장난감을 샀는데 금세 부서질 때

----

2. 저렴한 과일이 너무 맛이 없을 때

3.

4.

배경지식 꽉잡아 관련된 외국 속담을 알아봅시다.

폴란드에는 싼 고기는 개가 먹는다는 속담이 있습니다. 고기가 싸다면 품질이나 맛이 떨어지거나 상하기 직전이거나 그럴 만한 이유가 있는 겁니다. 그래서 사람이 먹기에는 부적합★해 개가 먹게 되는 거죠. 그래서 이 속담 역시 저렴한 것은 품질이 좋지 않다는 뜻입니다. 이왕 살 때 좋은 물건을 사는 것이 오히려 돈을 아끼는 방법이 될 수 있습니다.

★ 부적합: 일이나 조건 따위에 꼭 알맞지 아니함

 창의력 꽉잡아 속담을 조금 바꿔 나만의 속담을 만들어 보세요.

예시 | 다들 쓰는 | 게 | 찰 | 떡

🔵 뜻 많은 사람이 쓰는 물건이 보통 가장 적당하다.
- -

나만의 속담

🔵 뜻
- -

아니 땐 굴뚝에 연기 날까

속담에서 보이는 뜻을 생각해 보세요.

아니 땐은
불을 지피지 않은이라는 뜻입니다.

굴뚝은 불을 땔 때
연기가 빠져나가는 구조물입니다.

보이는
뜻
'불을 지피지 않은 굴뚝에서 연기가 날까'입니다.

속담 속에 숨은 뜻을 생각해 보세요.

아니 땐 굴뚝에는
원인이 없으면이라는 뜻입니다.

연기 날까는 결과는 없다는 뜻입니다.

숨은
뜻
입니다.

속담 꽉잡아 속담에 대해 자세히 알아봅시다.

굴뚝에 연기가 나려면 반드시 불을 피워야만 합니다. 불을 피우지 않았는데 연기가 날 수는 없죠. 그래서 아니 땐 굴뚝에 연기 날까는 원인★ 없는 결과는 없다는 뜻입니다. 모든 일은 반드시 어떤 원인이 있을 때만 일어나며 아무런 원인 없이 일어나는 일은 세상에 없습니다. 주로 들리는 소문에 그럴 만한 이유가 있을 거라는 의미로 많이 사용됩니다.

★ 원인: 어떤 변화를 일으키는 근본이 되는 일

활용력 꽉잡아 속담을 사용할 수 있는 다양한 상황을 생각해 보세요.

1. 누군가에 대한 안 좋은 소문을 들었을 때
----

2. 동생이 다녀간 후 과자가 사라졌을 때

3.

4.

관련된 외국 속담을 알아봅시다.

> 튀르키예에는 주위에 파리가 많다면 근처에 반드시 똥이 있다는 속담이 있습니다. 이는 불쾌★한 문제에는 반드시 그럴만한 원인이 있다는 의미입니다. 아니 땐 굴뚝에 연기 날까와 의미가 거의 비슷하지만, 파리와 똥이 나오기 때문에 나쁜 상황에서만 쓰인다는 차이점이 있습니다.
>
>
> ★ 불쾌: 못마땅하여 기분이 좋지 않음

창의력
꽉잡아 속담을 조금 바꿔 나만의 속담을 만들어 보세요.

예시 아니 먹은 배 에 방귀 날까.

뜻 먹지 않으면 방귀를 낄 리 없다.

나만의 속담

뜻

안에서 새는 바가지 밖에서도 샌다

속담에서 보이는 뜻을 생각해 보세요.

바가지는 물 따위의 액체를
푸는 그릇입니다.

샌다는 액체가 구멍으로
빠져나간다는 뜻입니다.

 보이는
뜻

'안에서 물이 빠지는 바가지는 밖에서도 물이 빠진다'입니다.

속담 속에 숨은 뜻을 생각해 보세요.

안에서 새는 바가지는
집에서 나쁜 행동을 하는 사람을 **뜻합니다**.

밖에서도 샌다는
집 밖에서도 똑같이 한다는 뜻입니다.

숨은
뜻

입니다.

속담 꽉잡아 속담에 대해 자세히 알아봅시다.

안에서 새는 바가지 밖에서도 샌다는 집에서 나쁜 행동을 하는 사람은 집 밖에서도 똑같이 행동한다는 뜻입니다. 사람의 특성은 쉽게 바뀌지 않습니다. 부지런한 사람은 어딜 가도 부지런하고 거짓말 잘하는 사람은 어딜 가도 거짓말을 잘하죠. 부모님이 부족★한 모습을 보이는 자식을 보며 걱정할 때 많이 사용합니다.

★ 부족: 필요한 양이나 기준에 미치지 못해 충분하지 않음

활용력 꽉잡아 속담을 사용할 수 있는 다양한 상황을 생각해 보세요.

1. 집에서 양치를 안 하면서 학교에서는 양치한다는 동생에게

----

2. 집에서 게임만 하면서 독서실에서 공부한다는 형에게

3.

4.

배경지식 꽉잡아 관련된 외국 속담을 알아봅시다.

이스라엘에는 뿌리가 하는 일은 가지가 반복★한다는 속담이 있습니다. 뿌리는 땅 속에 숨겨져 보이지 않지만 가지는 보이죠. 그래서 이 속담은 본성은 결국 겉으로 드러나게 된다는 의미입니다. 마음속 깊은 곳에 있는 것은 결국 말과 행동으로 드러나게 됩니다. 그렇기 때문에 한 사람의 말과 행동을 유심히 관찰하면 그 사람의 본성을 알 수 있습니다.

★ 반복: 같은 일을 되풀이함

 창의력 꽉잡아 속담을 조금 바꿔 나만의 속담을 만들어 보세요.

예시 안에서 | 못 입는 옷은 | 밖에서도 | 못 입는다.

뜻 편한 곳에서도 하지 못하는 행동은 외부에서도 못하는 법이다.

나만의 속담

뜻

열 번 찍어 안 넘어가는 나무 없다

속담에서 보이는 뜻을 생각해 보세요.

찍어는 날이 있는 연장으로
내리쳐서라는 뜻입니다.

넘어가다는 서 있던 것이 쓰러진다는 뜻입니다.

 보이는
뜻
'연장으로 열 번 내리쳐서 쓰러지지 않는 나무 없다'는 뜻입니다.

추론력
꽉잡아

속담 속에 숨은 뜻을 생각해 보세요.

열 번 찍어는
계속해서 노력하면이라는 뜻입니다.

안 넘어가는 나무는 안 되는 일을 뜻합니다.

숨은
뜻
입니다.

속담 꽉잡아 속담에 대해 자세히 알아봅시다.

열 번 찍어 안 넘어가는 나무 없다는 계속해서 노력하면 안 되는 일이 없다는 뜻입니다. 좋은 결과는 노력 끝에 얻어집니다. 더 크고 더 대단한 결과를 원한다면 더 많은 노력과 인내★를 들여야 합니다. 도전하지도 않고 처음부터 안 된다는 사람은 아무것도 얻을 수 없습니다.

★ 인내: 괴로움이나 어려움을 참고 견딤

 활용력 꽉잡아 속담을 사용할 수 있는 다양한 상황을 생각해 보세요.

1. 어려운 시험에 여러 번 도전 끝에 합격했을 때
----

2. 실패할까 봐 두려워하는 친구에게

3.

4.

배경지식 꽉잡아 관련된 외국 속담을 알아봅시다.

중국에는 떨어지는 물방울이 돌을 뚫는다*는 속담이 있습니다. 이는 지속적인 노력을 하면 반드시 성공한다는 의미지요. 물방울은 돌보다 약합니다. 하지만 같은 자리에 오랫동안 물방울이 떨어지면 결국 돌에 구멍이 뚫립니다. 한 번에는 안 되지만 계속해서 노력하면 결국 변화가 생기는 법입니다. 원하는 게 있다면 꾸준히 노력해 보아요.

★ 뚫다: 구멍을 내다

 창의력 꽉잡아 속담을 조금 바꿔 나만의 속담을 만들어 보세요.

예시 열 번 먹어 안 아픈 배 없다.

뜻 너무 많이 먹으면 탈이 나기 쉽다.

나만의 속담

뜻

5주 차 복습

1. 다음 빈칸에 들어갈 말을 보기에서 찾아 써 보세요.

보기　　　　바가지, 나무, 강산, 연기, 비지떡

1) 십 년이면 [　　　　　　]도 변한다

2) 싼 게 [　　　　　　]

3) 아니 땐 굴뚝에 [　　　　　　] 날까

4) 안에서 새는 [　　　　　　] 밖에서도 샌다

5) 열 번 찍어 안 넘어가는 [　　　　　　] 없다

144

2. 다음 뜻을 가진 단어를 보기에서 찾아 써 보세요.

> **보기**   품질, 불쾌, 좌절, 인내, 부적합, 원인, 추구

1) 목적을 이룰 때까지 뒤쫓아 구함 ➡

2) 마음이나 기운이 꺾임 ➡

3) 물건의 성질과 바탕 ➡

4) 일이나 조건 따위에 꼭 알맞지 아니함 ➡

5) 어떤 변화를 일으키는 근본이 되는 일 ➡

6) 못마땅하여 기분이 좋지 않음 ➡

7) 괴로움이나 어려움을 참고 견딤 ➡

3. 다음 속담을 보고 그 뜻으로 알맞은 것을 골라 선으로 연결하세요.

열 번 찍어
안 넘어가는
나무 없다 ●   ● 계속해서 노력하면
                              안 되는 일이 없다

십 년이면
강산도 변한다 ●   ● 원인 없는 결과는 없다

쌀 게 비지떡 ●   ● 집에서 나쁜 행동을
                              하는 사람은 집 밖에서도
                              똑같이 행동한다

아니 땐 굴뚝에
연기 날까 ●   ● 가격이 저렴한 물건은
                              품질이 떨어진다

안에서 새는 바가지
밖에서도 샌다 ●   ● 세월이 흐르면
                              변하지 않는 것이 없다

4. 다음 속담과 그 뜻을 읽고 이에 대한 여러분의 생각을 글로 써 보세요.

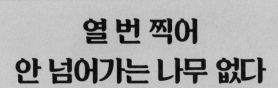

열 번 찍어
안 넘어가는 나무 없다

계속해서 노력하면 안 되는 일이 없다

6주차

울며 겨자 먹기

속담에서 보이는 뜻을 생각해 보세요.

울며는 눈물을 흘리며라는 뜻입니다.

겨자는 겨자씨로 만든 매운 양념입니다.

보이는
뜻

'눈물을 흘리며 겨자 양념 먹기'입니다.

추론력
꽉잡아

속담 속에 숨은 뜻을 생각해 보세요.

울며는 싫지만이라는 뜻입니다.

겨자 먹기는 어쩔 수 없이
해야 하는 상황을 뜻합니다.

숨은
뜻

입니다.

속담에 대해 자세히 알아봅시다.

겨자는 매운맛이 강해 음식에 조금 곁들이는 용도로 사용됩니다. 양념★으로 사용될 뿐 겨자를 따로 먹는 사람은 없습니다. 만약 따로 먹는다면 매워서 혼이 날 테니까요. 그래서 울며 겨자 먹기는 싫지만 어쩔 수 없이 해야 하는 상황을 뜻합니다. 하기 싫은 일을 상황상 억지로 해야 할 때 많이 사용합니다.

★ 양념: 음식의 맛을 돋우기 위해 쓰는 재료

 속담을 사용할 수 있는 다양한 상황을 생각해 보세요.

1. 혼나지 않으려고 어쩔 수 없이 착한 척하는 형에게
----

2. 내 차례라서 어쩔 수 없이 음식물 쓰레기를 버릴 때

3.

4.

배경지식 꽉잡아 관련된 외국 속담을 알아봅시다.

멕시코에는 두꺼비를 삼킨다는 속담이 있습니다. 두꺼비는 미끌미끌하고 등은 우둘투둘★해 사람들이 징그러워하는 동물 중 하나입니다. 그런 두꺼비를 삼켜야 한다면 얼마나 힘들까요? 그래서 이 속담은 너무나 싫지만 도저히 피할 방법이 없어 견뎌내야만 하는 힘든 상황을 뜻합니다.

★ 우둘투둘: 표면이 고르지 않아 군데군데 두드러져 있는 모양

 창의력 꽉잡아 속담을 조금 바꿔 나만의 속담을 만들어 보세요.

예시 | 웃으며 | 사탕 | 먹기

뜻 　 누구나 하고 싶은 즐거운 일

나만의 속담 　

뜻 　

윗물이 맑아야 아랫물도 맑다

어휘력
꽉잡아

속담에서 보이는 뜻을 생각해 보세요.

윗물은 위쪽에서 흐르는 물을 뜻합니다.

아랫물은 아래쪽에서 흐르는 물을 뜻합니다.

보이는
뜻
'**위에서 흐르는 물이 맑아야 아래에서 흐르는 물도 맑다**'입니다.

추론력
꽉잡아

속담 속에 숨은 뜻을 생각해 보세요.

윗물은
윗사람을 뜻합니다.

맑다는
바른 행동을 뜻합니다.

숨은
뜻

입니다.

속담 꽉잡아 속담에 대해 자세히 알아봅시다.

윗물이 맑아야 아랫물도 맑다는 윗사람이 바르게 행동해야 아랫사람도 바르게 행동한다는 뜻입니다. 물은 위에서 아래로 흘러갑니다. 윗물이 흘러 내려가서 아랫물이 되는 거죠. 이처럼 사람의 경우 아랫사람은 윗사람을 보고 배웁니다. 그래서 어른 그리고 형 누나가 먼저 솔선수범★해야 합니다.

★ 솔선수범: 남보다 앞장서서 행동해서 다른 사람의 본보기가 됨

활용력 꽉잡아 속담을 사용할 수 있는 다양한 상황을 생각해 보세요.

1. 나에게는 독서하라면서 스마트폰만 보고 있는 언니에게

----

2. 자꾸 나쁜 욕을 하는 형에게

3.

4.

관련된 외국 속담을 알아봅시다.

인도에는 왕이 어떠하든 백성도 그렇다는 속담이 있습니다. 이는 아랫사람은 윗
사람의 모습을 닮게 된다는 뜻입니다. 왕이 자비로우면 백성들도 자비로워지고
왕이 포악*하면 백성들도 포악하게 변합니다. 아랫사람이 잘할 수 있도록 모범을
보이는 것이 윗사람의 역할입니다.

★ 포악: 사납고 악함

 속담을 조금 바꿔 나만의 속담을 만들어 보세요.

예시 윗 집 이 조용 해야 아랫 집 이 조용 하다.

뜻 층간소음은 윗집에서 더 조심해야 한다.

나만의 속담

뜻

귀에 걸면 귀걸이
코에 걸면 코걸이

어휘력 꽉잡아 속담에서 보이는 뜻을 생각해 보세요.

귀걸이는 귓불에 다는 장식품입니다.   **코걸이**는 코에 다는 장식품이라는 뜻입니다.

 보이는 뜻

'귀에 걸면 귀에 다는 장식품,
코에 걸면 코에 다는 장식품'이라는 뜻입니다.

 추론력 꽉잡아 속담 속에 숨은 뜻을 생각해 보세요.

귀에 걸면 귀걸이는 이랬다가라는 뜻입니다.   **코에 걸면 코걸이**는 저랬다가라는 뜻입니다.

 숨은 뜻

입니다.

159

속담에 대해 자세히 알아봅시다.

귀에 걸면 귀걸이 코에 걸면 코걸이는 상황에 따라 이랬다가 저랬다가 하는 모습을 뜻합니다. 원래 모든 것은 상황에 따라 달라집니다. 그래서 달라지는 것 자체가 문제는 아닙니다. 다만 줏대★ 없이 남의 눈치를 보거나 상황을 모면하기 위해 입장을 바꾸는 모습을 비판하는 겁니다.

★ 줏대: 자기의 처지나 생각을 꿋꿋이 지키는 기질

 속담을 사용할 수 있는 다양한 상황을 생각해 보세요.

1. 좋다고 했다가 싫다고 했다가 말을 계속 바꿀 때
----

2. 상대방한테는 안 된다고 하고선 자기는 된다고 할 때

3.

4.

배경지식 꽉잡아 관련된 외국 속담을 알아봅시다.

에티오피아에는 같은 물이 계란은 단단하게, 감자는 부드럽게 만든다는 속담이 있습니다. 이는 차이를 만드는 것은 환경★이 아니라 우리 자신이라는 의미입니다. 사람들은 문제가 생기면 환경 탓하기를 좋아합니다. 하지만 진정한 차이는 환경이 아닌 자기 자신에게서 생긴다는 사실을 알아야 합니다.

★ 환경: 생물에게 직간접적으로 영향을 주는 상황

창의력 꽉잡아 속담을 조금 바꿔 나만의 속담을 만들어 보세요.

예 시   귀를 파 면   귀파개   코를 파 면   코파개

뜻   그때그때 용도에 맞게 쓰면 된다.

나만의 속담

뜻

콩 심은 데 콩 나고 팥 심은 데 팥 난다

**어휘력
꽉잡아** 속담에서 보이는 뜻을 생각해 보세요.

심은 데는 심은 곳을 뜻합니다.

나고는 땅 위에 솟아나고라는 뜻입니다.

**보이는
뜻** '콩 심은 곳에 콩이 솟아나고 팥 심은 곳에 팥이 솟아나온다'는 뜻입니다.

 **추론력
꽉잡아** 속담 속에 숨은 뜻을 생각해 보세요.

콩 심은 데는 어떤 일을 하면이라는 뜻입니다.

콩 나고는 그 일에 맞는 결과를
얻게 되고란 뜻입니다.

**숨은
뜻** 입니다.

163

속담에 대해 자세히 알아봅시다.

모든 식물은 심은 씨앗★에 따라 싹이 나오게 됩니다. 콩을 심었는데 팥이 나올 리 없고 팥을 심었는데 콩이 나올 리 없습니다. 그래서 콩 심은 데 콩 나고 팥 심은 데 팥 난다는 어떤 일을 하든 그 일에 맞는 결과를 얻게 된다는 뜻입니다. 모든 일의 결과에는 그럴 만한 원인이 있는 법입니다. 내가 얻고자 하는 것에 걸맞은 행동을 하는지 스스로를 돌아보세요.

★ 씨앗: 곡식이나 채소 따위의 씨

활용력
꽉잡아

속담을 사용할 수 있는 다양한 상황을 생각해 보세요.

1. 거짓말을 해서 벌받는 아이에게
----

2. 개를 괴롭히다가 물린 아이에게

3.

4.

관련된 외국 속담을 알아봅시다.

브라질에는 바람을 심은 자는 폭풍★을 거둔다는 속담이 있습니다. 이는 나쁜 짓을 하면 더 큰 벌을 받게 된다는 의미입니다. 작은 씨앗도 일단 심고 나면 쑥쑥 커서 큰 나무가 될 수 있습니다. 그처럼 작은 잘못도 커지면 큰 문제가 될 수 있습니다. 작은 잘못이라고 쉽게 생각해서는 안 되겠습니다.

★ 폭풍: 매우 세차게 부는 바람

 속담을 조금 바꿔 나만의 속담을 만들어 보세요.

예시 콩 먹어도 똥 나오고 팥 먹어도 똥 나온다.

뜻 어차피 결과는 다 똑같다.

- -

나만의 속담

뜻

- -

티끌 모아 태산

속담에서 보이는 뜻을 생각해 보세요.

티끌은 티와 먼지를 뜻합니다.

태산은 높고 큰 산을 뜻합니다.

 '티와 먼지를 모은 높고 큰 산'입니다.

 속담 속에 숨은 뜻을 생각해 보세요.

티끌은 아주 작은 것을 뜻합니다.

태산은 아주 큰 것을 뜻합니다.

숨은 뜻   입니다.

속담 꽉잡아 속담에 대해 자세히 알아봅시다.

티끌 모아 태산은 아주 작은 것도 모으고 모으면 큰 것이 된다는 뜻입니다. 100만 원도 사실은 1원이 모이고 모여 이루어지는 돈입니다. 그보다 더 큰 돈도 마찬가지★이고요. 아무리 큰 것도 모두 작은 것을 모은 결과입니다. 작은 것을 소중히 여길 줄 알아야 하겠습니다.

★ 마찬가지: 사물의 모양이나 일의 형편이 서로 같음

 활용력 꽉잡아 속담을 사용할 수 있는 다양한 상황을 생각해 보세요.

1. 돼지저금통에 용돈을 조금씩 모으면서
----

2. 빈 병을 모아 편의점에 팔면서

3.

4.

배경지식 꽉잡아

관련된 외국 속담을 알아봅시다.

미국 속담 작은 물방울이 모여 거대한 바다를 이룬다 역시 작은 것을 모으면 큰 것이 된다는 뜻입니다. 사람들은 광활한★ 바다를 보며 감탄합니다. 하지만 자세히 들여다보면 바다 역시 결국 하나의 물방울이 모이고 모인 결과입니다. 대단한 업적 역시 작은 노력을 통해 이루어짐을 잊지 마세요.

★ 광활하다: 막힌 데가 없이 트이고 넓다

 창의력 꽉잡아

속담을 조금 바꿔 나만의 속담을 만들어 보세요.

예시   티끌 모아 티끌

뜻   작은 것은 모아 봤자 작다.

나만의 속담

뜻

6주 차 복습

1. 다음 빈칸에 들어갈 말을 보기에서 찾아 써 보세요.

보기   콩, 아랫물, 코걸이, 겨자, 태산

1) 울며 ⬜⬜⬜⬜ 먹기

2) 윗물이 맑아야 ⬜⬜⬜⬜ 도 맑다

3) 귀에 걸면 귀걸이 코에 걸면 ⬜⬜⬜⬜

4) ⬜⬜⬜ 심은 데 ⬜⬜⬜ 나고 팥 심은 데 팥 난다

5) 티끌 모아 ⬜⬜⬜⬜

2. 다음 뜻을 가진 단어를 보기에서 찾아 써 보세요.

보기   환경, 줏대, 양념, 포악, 광활하다, 마찬가지, 솔선수범

1) 음식의 맛을 돋우기 위해 쓰는 재료 ➡

2) 사물의 모양이나 일의 형편이 서로 같음 ➡

3) 남보다 앞장서서 행동해서 다른 사람의 본보기가 됨 ➡

4) 사납고 악함 ➡

5) 자기의 처지나 생각을 꿋꿋이 지키는 기질 ➡

6) 생물에게 직간접적으로 영향을 주는 상황 ➡

7) 막힌 데가 없이 트이고 넓다 ➡

3. 다음 속담을 보고 그 뜻으로 알맞은 것을 골라 선으로 연결하세요.

○ ○ ○ ○ ○ ○ ○ ○ ○ ○ ○ ○ ○ ○

울며 겨자 먹기 ●　　　● 싫지만 어쩔 수 없이
　　　　　　　　　　　해야 하는 상황

윗물이 맑아야
아랫물도 맑다 ●　　　● 어떤 일을 하든 그 일에
　　　　　　　　　　　맞는 결과를 얻게 된다

귀에 걸면 귀걸이
코에 걸면 코걸이 ●　　　● 아주 작은 것도 모으고
　　　　　　　　　　　모으면 큰 것이 된다

콩 심은 데 콩 나고
팥 심은 데 팥 난다 ●　　　● 상황에 따라 이랬다가
　　　　　　　　　　　저랬다가 하는 모습

티끌 모아 태산 ●　　　● 윗사람이 바르게
　　　　　　　　　　　행동해야 아랫사람도
　　　　　　　　　　　바르게 행동한다

4. 다음 속담과 그 뜻을 읽고 이에 대한 여러분의 생각을 글로 써 보세요.

**콩 심은 데 콩 나고
팥 심은 데 팥 난다**

어떤 일을 하든 그 일에 맞는 결과를 얻게 된다

정답

1주차 복습

1. 다음 빈칸에 들어갈 말을 보기에서 찾아 써 보세요.

1) 가랑비
2) 다홍치마
3) 남의 떡
4) 보배
5) 굴러온 돌

2. 다음 뜻을 가진 단어를 보기에서 찾아 써 보세요.

1) 예방
2) 곡물
3) 조건
4) 선택지
5) 계발
6) 특혜
7) 관리

3. 다음 속담을 보고 그 뜻으로 알맞은 것을 골라 선으로 연결하세요.

가랑비에 옷 젖는 줄 모른다 — 작고 사소한 일도 반복되면 큰 문제가 될 수 있다

같은 값이면 다홍치마 — 같은 조건이라면 더 좋은 것을 선택한다

남의 떡이 커 보인다 — 남이 가진 것이 더 좋아 보인다

구슬이 서 말이라도 꿰어야 보배다 — 아무리 좋은 것이 있어도 다듬어야 귀중해진다

굴러온 돌이 박힌 돌 뺀다 — 새로 온 사람이 원래 있던 사람을 내쫓거나 해를 입힌다

2주차 복습

1. 다음 빈칸에 들어갈 말을 보기에서 찾아 써 보세요.

1) 그림
2) 계란
3) 낫
4) 떡 먹기
5) 재 뿌리기

2. 다음 뜻을 가진 단어를 보기에서 찾아 써 보세요.

1) 실재
2) 입맛
3) 작업물
4) 완강하다
5) 뻔히
6) 현명
7) 기도

3. 다음 속담을 보고 그 뜻으로 알맞은 것을 골라 선으로 연결하세요.

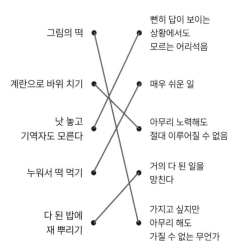

그림의 떡 — 가지고 싶지만 아무리 해도 가질 수 없는 무언가

계란으로 바위 치기 — 아무리 노력해도 절대 이루어질 수 없음

낫 놓고 기역자도 모른다 — 뻔히 답이 보이는 상황에서도 모르는 어리석음

누워서 떡 먹기 — 매우 쉬운 일

다 된 밥에 재 뿌리기 — 거의 다 된 일을 망친다

1. 다음 빈칸에 들어갈 말을 보기에서 찾아
   써 보세요.

   1) 진주 목걸이   2) 떡잎
   3) 등잔   4) 씨
   5) 약

2. 다음 뜻을 가진 단어를 보기에서 찾아
   써 보세요.

   1) 모욕   2) 옷감
   3) 우람하다   4) 잔가지
   5) 현상   6) 재단
   7) 기복

3. 다음 속담을 보고 그 뜻으로 알맞은 것을
   골라 선으로 연결하세요.

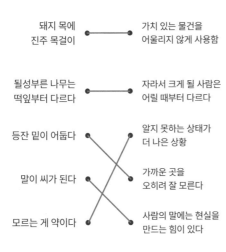

돼지 목에
진주 목걸이   가치 있는 물건을
                        어울리지 않게 사용함

될성부른 나무는
떡잎부터 다르다   자라서 크게 될 사람은
                        어릴 때부터 다르다

등잔 밑이 어둡다   알지 못하는 상태가
                        더 나은 상황

말이 씨가 된다   가까운 곳을
                        오히려 잘 모른다

모르는 게 약이다   사람의 말에는 현실을
                        만드는 힘이 있다

1. 다음 빈칸에 들어갈 말을 보기에서 찾아
   써 보세요.

   1) 번갯불   2) 보기 좋은 떡
   3) 빈 수레   4) 피
   5) 시간

2. 다음 뜻을 가진 단어를 보기에서 찾아
   써 보세요.

   1) 순간적   2) 혼란
   3) 이왕이면   4) 짐작
   5) 마찰   6) 번지르르
   7) 비교적

3. 다음 속담을 보고 그 뜻으로 알맞은 것을
   골라 선으로 연결하세요.

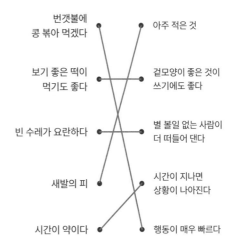

번갯불에
콩 볶아 먹겠다   아주 적은 것

보기 좋은 떡이
먹기도 좋다   겉모양이 좋은 것이
                        쓰기에도 좋다

빈 수레가 요란하다   별 볼일 없는 사람이
                        더 떠들어 댄다

새발의 피   시간이 지나면
                        상황이 나아진다

시간이 약이다   행동이 매우 빠르다

1. 다음 빈칸에 들어갈 말을 보기에서 찾아
   써 보세요.

   1) 강산   2) 비지떡
   3) 연기   4) 바가지
   5) 나무

2. 다음 뜻을 가진 단어를 보기에서 찾아
   써 보세요.

   1) 추구   2) 좌절
   3) 품질   4) 부적합
   5) 원인   6) 불쾌
   7) 인내

3. 다음 속담을 보고 그 뜻으로 알맞은 것을
   골라 선으로 연결하세요.

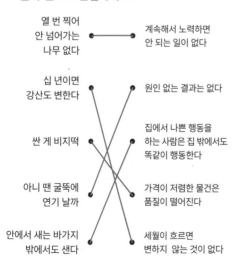

열 번 찍어 안 넘어가는 나무 없다 ●━━━━● 계속해서 노력하면 안 되는 일이 없다

십 년이면 강산도 변한다 ●   ● 원인 없는 결과는 없다

싼 게 비지떡 ●   ● 집에서 나쁜 행동을 하는 사람은 집 밖에서도 똑같이 행동한다

아니 땐 굴뚝에 연기 날까 ●   ● 가격이 저렴한 물건은 품질이 떨어진다

안에서 새는 바가지 밖에서도 샌다 ●   ● 세월이 흐르면 변하지 않는 것이 없다

1. 다음 빈칸에 들어갈 말을 보기에서 찾아
   써 보세요.

   1) 겨자   2) 아랫물
   3) 코걸이   4) 콩/콩
   5) 태산

2. 다음 뜻을 가진 단어를 보기에서 찾아
   써 보세요.

   1) 양념   2) 마찬가지
   3) 솔선수범   4) 포악
   5) 줏대   6) 환경
   7) 광활하다

3. 다음 속담을 보고 그 뜻으로 알맞은 것을
   골라 선으로 연결하세요.

울며 겨자 먹기 ●━━━━● 싫지만 어쩔 수 없이 해야 하는 상황

윗물이 맑아야 아랫물도 맑다 ●   ● 어떤 일을 하든 그 일에 맞는 결과를 얻게 된다

귀에 걸면 귀걸이 코에 걸면 코걸이 ●   ● 아주 작은 것도 모으고 모으면 큰 것이 된다

콩 심은 데 콩 나고 팥 심은 데 팥 난다 ●   ● 상황에 따라 이랬다가 저랬다가 하는 모습

티끌 모아 태산 ●   ● 윗사람이 바르게 행동해야 아랫사람도 바르게 행동한다